认知觉醒

主编 / 杜志建

你的职责是平整土地，

而非焦虑时光。

你做三四月的事，

八九月自有答案。

漓江出版社

·桂林·

图书在版编目（CIP）数据

疯狂阅读．青春励志馆 2 / 杜志建主编．-- 桂林：漓江出版社，2024.3

ISBN 978-7-5407-9757-7

Ⅰ．①疯… Ⅱ．①杜… Ⅲ．①阅读课 – 中学 – 教学参考资料 Ⅳ．① G634.333

中国国家版本馆 CIP 数据核字（2024）第 061455 号

疯狂阅读·青春励志馆 2

FENGKUANG YUEDU · QINGCHUN LIZHIGUAN 2

主编　杜志建

出 版 人　刘迪才
出版统筹　文龙玉
责任编辑　章勤璐
书籍设计　张　羽
封面绘图　ZHOU
责任监印　黄菲菲

出版发行　漓江出版社有限公司
社　　址　广西桂林市南环路 22 号
邮　　编　541002
发行电话　010-85891290　0773-2582200
邮购热线　0773-2582200
网　　址　www.lijiangbooks.com
微信公众号　lijiangpress

印　　制　河南瑞之光印刷股份有限公司
开　　本　787 mm × 1092 mm　1/16
印　　张　10
字　　数　280 千字
版　　次　2024 年 3 月第 1 版
印　　次　2024 年 3 月第 1 次印刷
书　　号　ISBN 978-7-5407-9757-7
定　　价　22.80 元

声明

基于对知识和创作的尊重，本书向所选文章、图片的作者给予补贴。因条件所限未能及时联系的作者，我们在此深表歉意，当您看到本书时，请与我们联系，以便我们向您支付补贴和赠送样书。因篇幅有限，部分文章有删节，敬请谅解。

联系方式：0371-68698015

c o n t e n t s 目 录

真正拖垮你的，是持续内耗

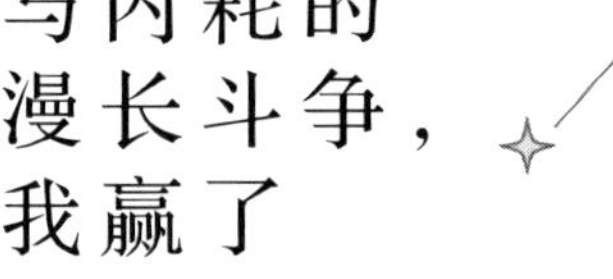

与内耗的漫长斗争，我赢了

所有的内耗，都有解药

太阳落山前，我选择与这个世界和解

没关系，我也有一段绝望的青春

真正拖垮你的，是持续内耗

或许我是“冷兵器”

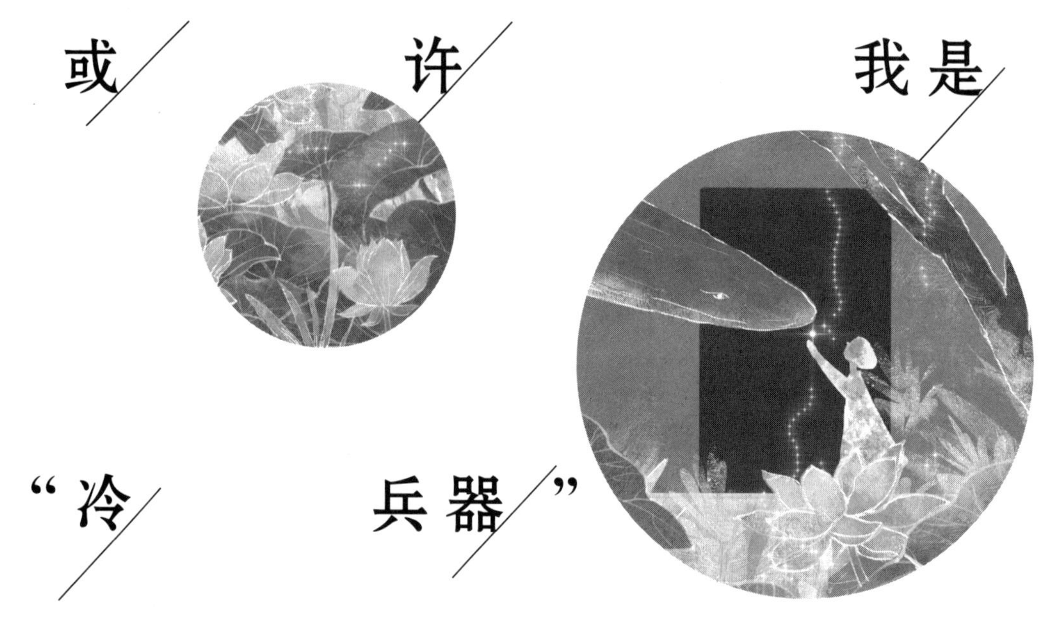

✽丸久小圆

很久之后我才发现，催促我成长的每一个关卡，都是“较量”在起作用。

初中的时候我学习很差，作业交不齐，上课看小说，但由于我姑姑是校长，老师们真的拿出十二分力教育我，劝着哄着吓唬着。有一个刚大学毕业的长得公认很帅的男老师还说过如果我物理及格就请我吃零食，知慕“少艾”的我也羞涩来着，可成绩曲线毫无波澜。

就这样大家软硬兼施，但我偏软硬不吃，既听不进去那些“谆谆教诲”，也没把所谓“再不认真我不管你了”的警告放在心上。

然而到了高中，姑姑的“庇佑”失效，我在一周回一次家的寄宿制学校里人生地不熟，偏偏还赶上了一个脾气很差的老太太当班主任。

当时按入校成绩排座位，我周围一圈都是学习不好还爱说话的同学，可她每次在自习课推门后听见声音，都只骂我，还当众把我作业本往垃圾桶里扔。有一回我眼镜坏了，我妈还没来得及给我送，上她的课看不清黑板上的字只好抄同桌笔记，被她扭头的间隙里抓住，她拉着我校服领子让我去楼道里罚站，说以后不会再管我。

她的不管是真不管，我交了几次作业后发现只有我的没批日期才恍然大悟。所有知情人都以为我会委屈地哭一场，但恰恰相反，她毫无缘故的恶意激起我较量的反骨。那个时候我们学校有个传统，每学年结束都会根据期末成绩重新分班，她教学能力平平，负责最后两个班级。

我没有梦中院校，没有未来理想，更没有非要和谁去哪个城市的约定，我就是想在高考结束后目不斜视地从她面前走过去，对她表现出的无论是热情相送还是冷嘲热讽都爱答不理。

于是我开始怀着这小肚鸡肠的“较量”去学习，英语听力从第一遍的不知所云，一点一点看原文，查单词，到最后能跟着默写下来；数学也是，我没有在错题本上写答案，就是把不会的题剪下来贴在一起，每周末放假回来上晚自习，来不及陷入循环的痛苦，我就开始一道接一道地练题。其他科更不用说，除了要跟着学高中愈发密集的知识点，还得补初中的诸多漏洞。

辛苦吗？听起来是的。

但对当时的我来说一点也不！她越对我不屑一顾，我越是刻苦。第二年她虽然还是教我语文，但已经不是我的班主任，而到高三，我竟然考到了与她相距四个班的实验班里。

我有些抱歉，好好学习这事儿，竟不是从初中那些温柔和蔼的老师那里学到的。

后来上了大学，我加入了辩论社，社团里大多是文学院和法学院的学生，只有我和另一个行政干事来自外国语学院。本来我俩加入辩论社干杂活就是为了修够实践学分，可社里一个来自山东的学长只要开大会就阴阳怪气的，翻来覆去说社里文化浓度不够，仿佛是我们两个每天擦桌子摆矿泉水瓶的人冲淡的。

另一个女孩子被说得退社，我也摔了毛巾，但我没退，我要求正式成为辩论社的队员。我去看网上的经典辩论赛视频，看《奇葩说》，在各个平台上学辩论技巧，拿曾经的辩题自己写辩论稿，写了整整一个练习本，有时还去“偷看”那个学长的辩论练习，最开始还觉得他气势挺足，看出门道后又觉得他不过尔尔。

辩论社在每一年的年末都有擂台赛，我一门心思要实现爽文里的“高光时刻”，平常练辩论稿的时候就在脑海里排演过无数遍他被我“怼”得哑口无言的样子。

我咬牙的时候连老天都同仇敌忾，那次他果然失误，我抓着他逻辑里的漏洞反击，竟然也获得了台下星星点点的掌声。

这场我与他的较量意外地让社长发现我的辩论技能成长之快，社长做出表率，社里的其他成员对我自然也和颜悦色不少，连我自己也体验到了辩论的魅力，为这次的“速成”沾沾自喜，大大地提升了自信。

这类事件不胜枚举，甚至我高中临毕业那段时间每天早起晨跑三公里，水煮青菜、五谷豆浆吃到吐最后减肥成功都不过是为了拍毕业照的时候要比我们宿舍那个总翻我白眼的女生更漂亮——即便那个校服松垮得像个面袋。

或许是这些还算成功的较量结果，让我产生了“谁都不要惹我，否则我一定让你好看”的错觉，我以为只要有足够让我“生气”的人或事，我就能永远“打怪升级”。可后来有一次我在图书馆看杂志，看到里面有一段话：

“我才不感谢那些伤害我的人和事让我变得更优秀。他们的本意才不是让我变得优秀，我要感谢的是在伤害中战胜敌意的我自己。”

那一刻我恍然大悟，有的人需要被爱包围着长大，伤害会让他们一蹶不振；但对于像我这样的人，喜欢和鼓励或许可以，但终究是太软弱了，我们更像是一件冷兵器，越锤打，越锋利；越较量对峙，越能披荆斩棘。

✽ 七天路过

为什么你总是渴望独处，又害怕孤独？

有几个读者都问过我一个问题："为什么我总是在热闹中渴望独处，一个人时却又害怕孤独？"

我们独处的时候最喜欢做什么呢？好像回答最多的就是"葛优躺"玩手机。

这是一个智能手机把你的生活撕得七零八落的信息化时代；这是一个即便独处，也会不自觉走向孤独的时代。

独处并不等于孤独。孤独是我们每一个人出生自带的设置，独处是主动从满满当当的生活中抽离出来。

主动选择独处的人，根本不孤独。孤独属于那种使劲找同伴的人。

在知乎看到一个问题：为什么一些生活中很外向开朗的人会喜欢孤独，经常独来独往？

我想起了身边的一个朋友，于是写下了回答："一个丰富的人是存在多面性的。他可以是社交场合里侃侃而谈的绅士，也可以是静坐在家中，看一天哲学书的隐士。他既清醒地知道自己要如何迎合他人和社会规则，也清楚自己应该花更多时间追求更加深刻的事物。"

是他告诉我，为了生活奔波的日常，只是在疲惫徒劳地挖坑。只有在这段独处的日子里，你不发一言，往心里慢慢地填着松软的土。

独处并不意味着孤独

独处并不意味着孤独，它是一种从命运上决定让自己的归自己的状态。

从心理学的观点看，人需要独处，是为了进行内在的整合。

所谓整合，就是把新的经验放到内在记忆中的某个恰当位置上。唯有经过这一整合的过程，外来的印象才能被自我消化，自我也才能成为一个既独立又生长着的系统。

所以，有无独处的能力，关系到一个人能否真正形成一个相对自足的内心世界，而这又会影响到他与外部世界的关系。

有本书曾提及，根据马斯洛的说法，人的动机虽然千差万别，但最终可以分为两种：一种是弥补"匮乏"的动机，另一种是满足"成长"的动机。

匮乏导向的人虽然努力与人接近，却更容易孤独。

这类人大多是在成长中没有得到充足的来自父母或生命中重要的人的爱，所以他们常常一边对人深怀疑虑，一边不断向他人寻求安全和爱。

他们会借由他人来逃避孤独。

而成长导向的人，有能力独处，却自然而然吸引到一些朋友。

他们有独处的能力，所以更能发展出一段独立的人际关系，不是利用、交换或者占有，对别人的依赖也相对较低。

他们用与事情的联结代替了与人的联结，所以才能安心做事，享受孤独。

如果你不能面对自己的寂寞，无论和什么人在一起你都无法得到充实的快乐。

学会独处是一个伪命题

真正的独处是一种需要。

你需要体察自己的内心，并且正视内心最深的悸动。

独处不是一种手段，一种目标。

如果你没有体察到内心真正的需要，而只是去模仿独处。一个人的时候时不时看看手机，刷刷微博，再上下知乎。

那你的独处并没有太多的能量。

当然不同性格的人汲取能量的方式并不相同。有的人天生是内向者，更容易从静思中获得新的动力；而有的人，更喜欢在与人的交流以及思维的碰撞中获得灵感。

独处中可以做些什么呢?

首先，阅读是独处时最好的武器。

在与朋友聊天时，我曾提到关于人生的困惑，她给了我一个非常有力量的解决方案："人生 80% 的问题都可以靠增加阅读量解决。"

读书的人总是低头看书，忙着浇灌自己，他们让自己是敞开的桶，随时准备装入更多。

曾在网上看到一句话:你看，书一打开，就成为一个拥抱的姿势。这一切，不正是我们毕生苦苦找寻的?

其次，跑步让你凝视自我。

我的一位朋友说，他跑步时不做任何事，只静静感受自己的呼吸声。

作家村上春树说，一天跑一个小时，来确保只属于自己的沉默的时间，对他的精神健康来说，成了具有重要意义的功课。

至少在跑步时不需要和任何人交谈，不必听任何人说话，只需眺望周围的风光，凝视自己便可。这是任何东西都无法替代的宝贵时刻。

另外，写作是独处最好的收获。

佩索阿曾经说过："成为诗人不是我的野心，而是我独处的方式。"

我坚持每周写三四篇文章，同时写音乐专栏，此外还会利用碎片化时间在知乎答题，在豆瓣写写书评。我会保持每周一万字以上的输出。

写作简直是独处的最好拍档了，这是一种独属于自己的，对世界的表白。

从文字的流淌中感受生活过的痕迹和日渐丰盈的成长。

一个人也可以活得一往无前、理直气壮，伸手就是江山。

赫拉巴尔在《过于喧嚣的孤独》中说："因为我有幸孤身独处，虽然我从来并不孤独，我只是独自一人而已，独自生活在稠密的思想之中，因为我有点儿狂妄，是无限和永恒中的狂妄分子，而无限和永恒也许就喜欢我这样的人。"

愿你我都无惧做孤独的朝圣者。

愿你永远不要舍弃独处，即使你会孤独。

✽ 小灯泡儿

你有选择困难症吗？

摘自微信公众号“大樱桃与小灯泡”

我的小表妹是个纠结狂。

和她一块吃饭，接过菜单，她从头翻到尾，眉头蹙着，丧成苦瓜脸。二十分钟后，她递给我：“姐，要不你来吧。帮我点份一样的。”

和她挽手散步，不出百米，她说作业没做，得赶快回家去写；到了楼下，她又说胸闷气短，非要拉我再去走走。

上个月，她跟家里闹了分歧，隔三岔五就给我发微信、打电话轰炸。

“姐，你说我到底考研好，还是工作好？选哪个省事些？我爸说，一流名校是敲门砖。我妈说先工作更好，早点积累经验。要不，你也帮我想想？”

我有点语塞，便问她：“你自己呢？喜欢什么工作，想要怎样生活？”小表妹怔了怔，说：“我不知道啊。”

“那你怎么办？等他们想好了，替你决定？”

“还能咋办。也就这样了，谁让我有选择恐惧症呢！”

一瞬间，我差点儿摔了电话。

那傻丫头，看似左右为难，实则漫不经心。

因为没有主见，因为不愿担责，她只好逮人就问，再三求证。到后来，选择权都送了人，干脆看客说了算。

在选择障碍者眼中，生活时刻处于一种“三不知”的境地——充满了不确信、不清晰和不懂得。

我的专业是金融，但我喜欢设计，如果我放弃做会计，别人会不会笑我，说我不务正业？

我定的餐馆，人家不喜欢吃怎么办？参加不熟悉的聚会，我该先减个肥，还是先学化妆？

想想也挺可悲的。

应试体制下的你我，用二十多年去背世俗强加的角色期待，背所谓标准答案，背语数外的考试范围，却也拒绝了未知的疯狂，拒绝了声色的张扬，拒绝一个真实的、清醒的本我。

因为盲目从众，所以嘴边的“未来”，大多是被灌输、被洗脑、被填鸭的。

因为思维怠惰，所以不愿承担可能的后果，凡事只想伸手讨要答案。

更糟心的，是你一边丢掉自主选择权，一边释放抱怨和怒气，却偏偏忘了，阻止你自由选择、随心生活的，从来不是强权，不是父母——而是你的懒，你的怕和走过场、打酱油的自己。

当然，还有些“选择障碍症”，说好听点是圆滑，是慎行；说难听点是贪心，是欲念，是你赋予了选项太多无意义的完美。

初中时候，听闻一个故事。说的是齐国某少女，因貌若女神，被俩小伙同时追求。只可惜，东家男子虽是富二代，但长相寒碜；西家男子虽是小鲜肉，但一贫如洗。

担心女神羞于指明，众人便提议，不如让她露胳膊示意：出左手，选东家；出右手，选西家。纠结许久，女神慢悠悠地伸出两只胳膊，笑言：“以后，我想在东家吃饭，在西家住宿。”

事实嘛，这种食东宿西的戏码，今日亦不嫌少。有时选择之难，不在路径本身，而在贪婪之心。

在年轻气盛的时日，贪心如我们，很容易把生活的每道选择题看作AB题：想抛弃一份苟且的工作，又怕稳定的生活跌落；想告别一段苦涩的爱情，又怕遇不到对的人……

于是我们感慨：“还真棘手啊，要是能有兼顾的路子该多好！”“既然那么难选，要不我就不选了吧？”

真巴不得，这唯一的选项，必须是最大限度的、理想化的。如此，便可一劳永逸不烦忧，绕开所有的未知和难关。

然而，哪有什么两全选择、顺遂人生。

那些心态失衡的人，无论选什么都会不甘，无论怎么过都嫌浪掷，回头看看，都要生悔。让他捶胸，让他顿足的，其实也非眼前之路多漫漫，而是脑中常浮现的——口渴之时的那瓶奶，纸里包裹的半块糖，夜深闭灯后的星和月。

亦舒在《花解语》中说：“无论什么都有代价。一个人，只在彼时彼地做对他最好的选择，或对或错，无须对任何人剖白解释。”

很多时候，选择这事儿，就像考试做题。卡住了，先跳过，做下一题。回过头，再填满或涂改。若你手抖心乱按不下选择键，我想，起码可以做如下之事：

1. 别问别人，问你的心。

最最最重要的是清楚自己的诉求，规划想要的生活。然后，自己思考，自己判断，自己抉择。也许，你无法得知下一步的下一步，但起码可以列好优先项，订立几条牢不可破的底线，明确自己适合什么，不适合什么。就像考研不是镀金，而是为了砺剑；选择不是从众，而是为了觅己。

事实上，停在脑海中的臆想多半会夸大未知领域。某些“兴趣”、某些“憧憬”，只有你深入尝试、体验之后还愿意视为热爱，才算真正的选择。就像很多东西你不吃怎么知道酸咸或甜辣，很多人你不相处怎么知道厌恶或喜欢。直到哪一天，你清晰了、笃定了你的热情所在、你的心之所向，你愿为了什么而摆脱拖延、懒惰、无所事事的恶习。

2. 所谓完美，是个骗局。

任何选择，都有沉没成本。被焦虑牵绊、被得失左右的人，往往陷入一个怪圈：生怕世事如对弈，一步若错，满盘皆输。然而，生活没有准则，选择并无对错，价值观是不断推翻重建的。

决定生活轨迹的，从来不是选择本身，而是选择之后的姿态。你若积极，考研或工作，都可以；你若消极，考研或工作，都不行。

既然没有绝对意义的好选择，也就没有所谓坏选择。更何况，人生若无悔，那该多无趣。

你我眼界和预知能力有限，行至中途，如何能看得清清楚楚，想得明明白白？毕竟，一个决定牵动另一个决定，一个偶然注定另一个偶然，回不了头。

你不快乐，是因为你不痛苦

✽愈姑娘

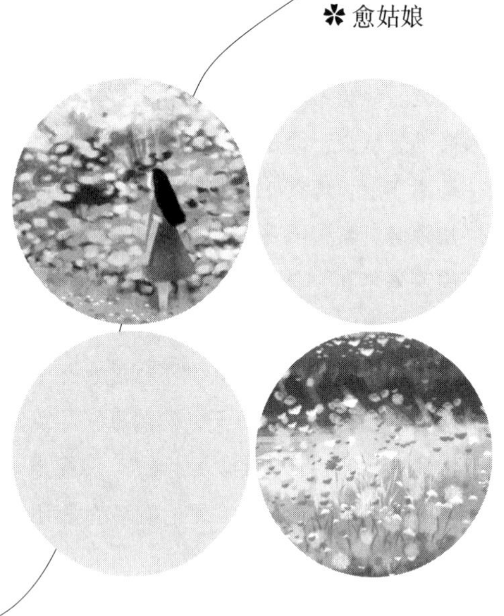

宫崎骏说，深深爱着一个人会给你勇气。我认为，深深爱着一件事情也能给你勇气——它是一种精神寄托，会给你带来归属感，让你觉得明天更值得期待。

前几天，有个读者问我：为什么越长大越难拥有真正的快乐？我当时心里一怔。

好像确实是这样，小时候，我们会为一个玩具木偶欣喜若狂，会为周末要去海边好几天前就开始期待，会为一件新衣服开心得巴不得让全世界知道。那时候，一朵小花、一棵小草、一只虫子都能激起我们无限的好奇心和想象力。

上学后，会跟同桌兴奋地分享自己的小秘密，会和小伙伴讨论放学后去谁家打游戏机，会和一群小女孩商量下课后去哪儿跳皮筋。那时候，盼望着下课，盼望着放学，盼望着假期。

再长大一些，十几岁的花季雨季，情窦初开的年龄，有了自己的心事，女孩会暗恋隔壁班的那个爱打篮球的男孩，男孩会暗恋那个坐在窗户边笑起来有两个酒窝的漂亮女孩，各自怀揣着属于自己的心事，希望对方知道，又害怕被看穿。

那时候，只要与对方一个眼神相撞，仿佛就能掉落满天的爱心，那种难以忘怀的悸动恐怕以后都难再有。

那时候的快乐，非常简单。

但当我们细细回想，我们会发现，也许并不是那结果让我们快乐，而是我们在那之前所付出的各种期盼、焦虑、等待，和最后的结果相比，让我们产生了快乐。

就像下课让我们快乐，是因为我们经历着上课的“煎熬”——所以当我们放了非常久的假，我们反而又会想念上课的时光了。

追求心动的人让我们快乐，是因为我们根本没得到——当然在一起了也会快乐，只不过快乐会逐渐递减。

阴影的存在，是因为光。快乐的存在，是因为有痛苦的反衬。

《小王子》里有这么一段话：你下午四点钟来，那么从三点钟起，我就开始感到快乐。时间越临近，我就越感到快乐。到了四点钟的时候，我就会坐立不安，我就会发现，这是快乐的代价。

而你没办法得到真正的快乐，是因为你已经没有再为生活付出任何的努力和痛苦，当然也再没办法享受到与之相应的快乐了。

我们一直被岁月的潮水推着往前走，

剑未佩妥，出门已是江湖。

慌慌张张地走上工作岗位，然后开始日复一日的工作，永无止境地上班下班，这个星期的每一天都像上个星期，下个星期的每一天也会像这个星期，生活似乎一眼就能望穿。

盼望着下班，盼望着周末，盼望着节假日，可是这些日子到来了，又不知道自己该干什么。在家待着觉得无聊，出门游玩又觉得太累。

最后，发现还不如上班来得充实。我们开始对很多东西提不起兴趣，以前会为了一次旅行，不惜省下饭钱，甚至是逃课，现在没有这样的激情了。

有时候涨工资、买了一件垂涎已久的衣服或一款游戏装备能给我们带来些许的快乐，但是这种快乐转瞬即逝，需要更高的条件来满足自己的欲望。

我常常走路上班，在路上，我会观察身边的行人，骑着电动车的、骑着自行车的、跟我一样走路的，他们似乎很赶时间，人行道上红灯变绿灯还差五秒，他们就迫不及待冲到对面的马路，他们神情焦灼，没有一丝笑容。

在公司，大家都机械地敲打着键盘，面无表情。工作于很多人来说，或许只是为了生存，或许我们很多人都只有生存，何谈快乐地生活。

曾经的我也是这样，大四时，做着一份不喜欢的工作，每天都感觉度日如年，从上班就开始想着下班，但凡遇到工作的不如意，就容易没耐心，发脾气。

那时候，焦虑迷茫占据了我的整个生活，我常常觉得人生没有盼头，没有希望。

因为，我们对生活产生了很多的厌倦，但又不做出相应而积极的努力去改变，因为改变的代价大于混吃等死的代价，而我们如同温水中的青蛙，一步步一步步地被慢慢升温的水给烫死了。

而这平庸的生活所产生的情绪，又如何产出真正的快乐?

当然，我并不是要让大家去寻找痛苦。以我自己来举例：

我知道自己的兴趣在写作，因此心里暗暗发誓，一定要找一份能发挥我特长的工作，我很幸运，我找到了。

我发现，原来做自己喜欢的事能让我很快乐，这种快乐不是用物质堆积起来的，它是一种真正的满足和愉悦。

写作是一件极其耗费心力的事情，我曾经说过，文章是作者的孩子，写文章的过程就像生孩子，其间会经历许多不为人知的心理变化。

有时候越写越困惑，有时候越写越透彻，有时候写到欣喜若狂，有时候写到悲伤流泪，但是其间有多痛苦，过后就有多快乐。

当你找到能让你为之努力的事情，并坚持去做，也许不一定能有多少实质性的回报，但它一定能回报你快乐。

当你心情愉悦后，会形成一个良性循环。你会善意地看待身边的一切，你会认真感知周遭的一切，你会更有勇气和力量应对这个世界的不堪。

宫崎骏说，深深爱着一个人会给你勇气。我认为，深深爱着一件事情也能给你勇气——它是一种精神寄托，会给你带来归属感，让你觉得明天更值得期待。

你内心真正想做的事就像是一盏指路明灯，你朝着有光的地方前行，虽然你也不知道这条路有多远，要走多久，但是它始终是有光亮的，你只管一直走便是了。

沿途所出现的黑暗，只是为了证明——光本身，有多耀眼。

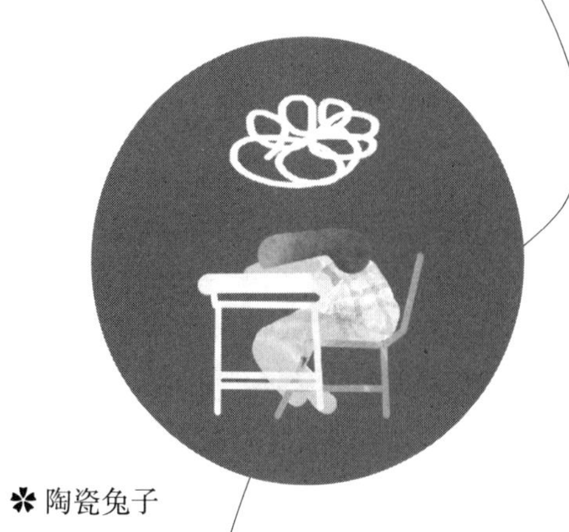

✿ 陶瓷兔子

人这辈子最难的功课，就是学会相信自己

说来蛮好玩儿的，人从小到大，好像就是一个自信不断流失、不断认命的过程。

小朋友可以大大方方地说出“我以后一定能当科学家”，可成年之后的我们，却在开口之前已经先把自己否定了三百遍。

“我恐怕不行……”

“我可能真的不够好吧……”

“万一失败了怎么办……”

那些丧气的猜测好像毛衣上脱针的线头，从松动的那一针开始，一点点带着整个人生全部垮掉。

现在，我想聊聊自信。

在许多人的眼中，自信等同于“走自己的路，让别人去说吧”以及“虽千万人吾往矣”这种大而玄妙的名言警句。

可人生吊诡的一点，就是只要你身处人群之中，就无可避免地会被别人的眼光和评价束缚。但如果你离群索居，没了参照物也没了反馈，你便无法知道自己做得对不对，也无法衡量自己走出了多远。

不在乎别人太简单了，但当你把所有人都不当回事时，也根本没人会在乎你。所谓强大，不是“我不听我不想我不在乎”，而是学会从那些让你痛苦的否定和质疑中找到出路。

之前有个读者来找我聊天，说自己想辞掉公务员的工作去做化妆师，但家人都不同意，各种质疑和压力扑面而来，她应付不及，来向我求助，问我怎样才能坚持做自己。

她对未来有一套听起来很美的规划：辞职之后先去附近的影楼工作，再做点兼职，然后再考一级化妆师的证书，慢慢往娱乐圈发展，等钱攒得差不多了再开个工作室。

可当我问到“影楼招化妆师的要求是什么”以及“你做兼职的渠道是什么，每个月的收入是否足够应付你的支出，如果不够怎么办”时，她一句都答不上来。

与别人的质疑无关，与父母的否定无关，那些来自外部的压力不过是显形液，逼着她去直视那些她根本无法回答的问题。

细节的匮乏，才是她不自信的根本原因。想在质疑声中站稳脚跟，你就不能做一个中空的人，你需要像下围棋一样，看到十步之外，规划到五步，至少保证前三步不出岔子。

我给那位读者出的主意是：在不辞职的前提下，先熟悉一下不同领域对化妆师的要求，利用周末和假期的时间去做兼职，一面积累人脉一面了解行情；对自己辞职之后的财务状况做一个简单的评估，如果不够支撑自己的梦想，就先去攒点钱。

你看，这可比只动动嘴皮子说“我有梦想”难多了吧。

可又有谁告诉过你，相信自己是一件容易的事呢？

毕竟“孤勇”这个词，只有在书上读到的时候才美。盲目自大太容易了，真正难的，是清醒的坚定。

听过这样一个小故事——

一对夫妻为了吸烟的事吵架，男人保证戒烟，女人将信将疑。

第一天，男人表现得很好，一根烟都没有碰。女人说：“你这就是靠运气，我看你还能坚持多久。”

第二天，男人有些动摇，拿出烟反复闻着，忍着没点燃。女人说：“我就知道你没毅力，看，果然忍不住了吧。”

第三天，男人终于忍不住了，但还是控制着自己，一天只抽了一根。女人说：“看吧，江山易改，本性难移。”

第四天，第五天，第六天，男人终于自暴自弃，重拾吸烟的坏习惯。女人说：“果然，从一开始我就说你不行。”

你看，那多像是我们每天跟自己的对话。

早在别人开口之前，你就已经先对自己说了“我不行”。

在被评价之前，你就早已给自己安上了一顶“缺乏自信”的帽子。然后把所有的不顺与不安，都塞进这顶帽子里。

成功了，你提醒自己这不过是侥幸，其实自己差劲得很呢，不过是还没被发现而已。

遇到麻烦了，你立刻就会觉得这都是注定了的，像自己这么糟糕的人怎么配成功呢？这些麻烦都是在提醒你，人要有自知之明。

就这么想着想着，消耗完自己所有的斗志和勇气，最终失败了，你反而长舒一口气：“看，我就说吧，我不行。”

比起来自外界的质疑，你最大的敌人是你对自己的否定。

就像心理学家荣格的那句话：如果你意识不到你内心的冲突，它就会体现在外部世界里，成为你的命运。

尝试这样一个简单的方法，每次给自己泄气的时候，都在本子上画正字。每画一笔都问自己一遍：我有什么做得好的地方吗？我还能怎样做得更好？

在改变别人之前，先改变你自己。

如何才能培养出清醒且稳定的自信？

李中莹老师曾给出了这样的一个公式：感觉—尝试—经验—能力—外部肯定—自信—自爱—自尊。

很多人总是把自己不自信的原因归咎于“没有人肯定我”，但这个公式中最重要的部分，其实是你自己创造的经验和能力。

自信的培养靠的并不是什么惊天动地的大成功，它更多的是依靠生活中的小的胜利。

在寒冷的早晨成功在闹铃响起的第一声就利索地起床，独立做完第一份PPT，成功地主持一次会议，第一次一个人出差并顺利地签了合同……

这些小成功会成为你的底气，让你更愿意去做；做得越多，能做到的就越多，得到的肯定也就越多，自然也就更加自信。

最重要的是，在“做”的过程中，你能充分地了解自己，弄清自己的特长和短板，掌握控制脾气和惰性的那把钥匙，你知道什么时候该全力以赴，什么时刻最难熬，要走多远才能看到柳暗花明。那才是你的燎原之火。

一鸣惊人这种事情，在故事里看看就行了。你需要的不是寓言、童话，而是脚踏实地。

✲花未眠

人生最遗憾的是，我们本可以活得快乐些，就因为想得太多而痛苦。

你觉得人生痛苦，是因为想得太多

1

我在知乎上看到一个热门问题：为什么人生这么痛苦?

在500多个回答里，有一个网友分享了这么一个故事：

我有个同事早上丢了10块钱，特别不开心，开始和我抱怨；下午他出去吃饭时捡了100块钱，特别开心，回来和我炫耀；过了一会儿又开始和我抱怨早上掉了10块钱……

当时我就被这个小故事戳中了内心，他说得太形象了，完美地道出了我们感到痛苦的一个主要原因。

回想一下，我们从小到大是不是经常会因为一些事情感到痛苦万分?

年少时，我们会因为父母不允许自己出去玩而感到痛苦，会因为老师在课堂上批评我们而痛苦。

长大后，我们会因为掉了10块钱而痛苦，会因为工作遇到困难而痛苦，会因为目标无法实现而感到痛苦，会因为生活过得不如意而感到痛苦，我们甚至可能会因为一次迟到而痛苦。

失恋会让我们痛苦，工资太低也会让我们痛苦，对可能会失业的恐惧使我们痛苦，自己当老板了还是会痛苦，因为公司会有倒闭的风险。

这些痛苦常常让我们觉得，人生似乎就是由各种痛苦组成的，唯有痛苦能让我们感觉到自己是真实存在的。痛苦排山倒海般来到我们身边，让我们感觉到人生是那么不容易。

2

我们为什么会痛苦呢?

这个网友的同事因为掉了 10 块钱而不开心，他的不开心主要是因为失去了 10 块钱，而这 10 块钱是他辛苦赚来的，所以会感到痛苦。

即使后来捡到了 100 块钱，也已经远远抵过他弄丢的 10 块钱，他赚到了，可依然会不开心，那是因为他太专注于自己失去的，所以无法享受得到的。

专注于失去的，注定了无法享受自己拥有的和得到的，这是很多人感到痛苦的主要原因。

我们常常看到一些条件挺好的人过得十分痛苦，明明自己拥有的已经很多，却无法享受拥有的一切。就是因为他们太担心失去这一切，这些担心使得他们异常痛苦。

相较于拥有，有些人确实更害怕失去。这种害怕主要还是因为想得太多。

我曾在书里读到过一句话：造成我们痛苦的，并非问题本身，而是我们对问题的想法。

有些事情，原本是不存在的，可我们总是胡思乱想，而这些乱七八糟的想法，造成了一个人的痛苦。

这些想法是怎么产生的呢？主要来源于忧虑。

本来有一份很好的工作，自己的能力也很强，偶然间看到新闻说今年经济形势很不好，各大公司相继裁员，然后就开始担心自己的公司会不会走下坡路，会不会裁员，如果裁员，自己会不会是其中之一？

自己每天都有健身，且每一年都会去做体检，身体十分健康，平时极少生病。结果因为有个朋友突发重病，然后就开始想，如果我也生病了怎么办？到时候谁来照顾我？工作还保得住吗？有没有钱治病？如果没钱是不是要放弃治疗？

你发现了吗？脑子里的这些想法，全都是瞎想，并不是实际发生的事情。你想得越多，内心就越痛苦。

我有个朋友，前段时间她发现自己做的报表里有一个数据错了，当时已经是半夜，她不敢打电话给老板，怕被骂。

于是她开始胡思乱想，想老板发现了会不会把她骂得狗血淋头，想自己会不会因此丢掉工作，如果工作丢了，没有收入，信用卡就还不上，会进入黑名单，以后买不了房……

她被这些乱七八糟的想法搅得心绪不宁，一整夜都睡不着。然后第二天一早赶去公司，老板进门后，她马上跟他反馈了这个错误，老板说还没看呢，让她把修改好的重新发给他。

她担心了一个晚上的事情，根本就没有发生。

你看，让她痛苦的，是她的胡思乱想。

要想自己的人生不那么痛苦，其实很简单，就是当一件事情产生不大好的苗头的时候，一定不要把这件事情无限放大，更不要总是去想它可能的走向。

想得越多，思绪越乱，内心就越痛苦。

我记得有个人曾经跟我说过，我们担心的 99% 的问题，其实根本不会发生。

人生最遗憾的是，我们本可以活得快乐，就因为想得太多而痛苦。只要我们不去想太多，凡事多往好的地方想，自然不会有那么多痛苦。

✲ 赵丽荣

一个在意自己的人，成功往往不在意他；一个不在意自己的人，成功往往很在意他。

凡事都在意的人是自寻烦恼

1

很多时候，我们常常被一些原本应该早已忘记的微不足道的小事干扰，从而失去快乐。

比如，有一些人，别人无心的话就能让他苦苦琢磨好几天；别人不经意间的伤害，更是让他心绪难平。遇事想不开，喜欢耿耿于怀，对所有的人都心怀戒备，而且对身边的事物极其敏感，容易夸大事实。这种人极容易陷入无端的猜忌中，习惯用狭隘、幼稚的思维去看待问题，其实是在为自己营造狭隘的心灵监狱，这就是心太累的症结所在。

他们不仅自己活得累，也为身边很多人带去了烦恼。

事情是否真如想象中痛苦烦琐，完全取决于我们个人的看待方式。

所谓心有多大，舞台就有多大。我们完全可以通过改变自己看待问题的方式，来消除心灵的烦恼和疲惫，这就需要我们学会不在意，学会不再把经历的烦恼看得太重。

要知道，当你养成了这种过于在意的个性，天长日久，心就会越来越累。

其实，对于这一点古人早已有了鲜明的认识，几千年前，著名的雅典政治家伯里克利就发出过这样的警告：“大家要小心了，我们已经将太多的时间浪费在无谓的小事中了！”

后来，法国一位作者更是提出这样的观点："我们何必为一些微不足道的事情而耿耿于怀呢，我们活着的年头太短暂，不要再为那些琐事做无谓的纠缠了。"

可见太过在意，只会影响我们快乐的心境，让我们的生活失去活力。很明显，这是一种不明智的行为。

不在意，就是不会把不该当回事的事情"当回事"，不胡思乱想，不无端猜忌，不钻牛角尖，不把一些微不足道的事情放在心上，不太看重荣辱得失，不因为一点点挫折就大喊大叫，以致身心受损。不会在不明白真相的事情面前多疑敏感，歪曲事情的本质；更不会在不了解的事情上夸大其词，胡编乱造。不会没有任何依据地将自己的爱人打入"背叛者"的行列而咄咄逼人；不会像林黛玉那样一看到贾宝玉与别的女人说笑就多愁善感，对影垂泪。

2

小木匠有两个师兄，师兄们每天都在很认真地学习，从来不在意身边的事。小木匠却不同，总是很在意别人的眼光，很想引起大家的注意。

小木匠浇了花，就会去师兄们那里炫耀一番；小木匠打扫了房间，也会去师兄们那里显摆一下。小木匠这样做，就是为了引起师兄们的注意，让他们夸自己一番，可师兄们却总是不理他。

这天，小木匠戴了一顶新帽子，是师父给他的。

小木匠对大师兄说："大师兄，你看，我今天看上去是不是和以前不一样啊？"

大师兄正在锯木头，没有理小木匠。

小木匠上前去拉着大师兄的手说："大师兄，你看一眼啊！"大师兄就看了小木匠一眼，说："没什么不一样。"

小木匠不高兴了。

小木匠就去找二师兄。

小木匠说："二师兄，你看，我今天看上去是不是和以前不一样啊？"

二师兄正在量桌子，也没有理小木匠。

小木匠就上前去坐在二师兄的桌子上，说："二师兄，你就看一眼嘛！"二师兄这才看了小木匠一眼，说："没什么不一样。"

小木匠气呼呼地跑了。

小木匠越想越生气，自己本来想引起两个师兄的注意，得到他们的夸赞，可是他们居然都懒得多看自己一眼，这新帽子简直就是白戴了。

小木匠去了师父那里，哭丧着脸说："师父，我很难过。"师父问："你怎么了？"小木匠说："我戴了您送我的新帽子，可两个师兄根本就没注意到。"

师父说："你就为这事生气呀！他们都在忙自己的事情，哪里有时间注意你的新帽子呢。一个人，如果太在意一些事情，把自己看得很重要，结果就只能让你越来越累，越来越失望。"小木匠恍然大悟，不再生气了。

从此，小木匠也像师兄们一样认认真真地做事，不再在意别人的看法，不再看重自己，不再哗众取宠。许多年过后，小木匠成了有名的工程师。

成了大工程师的小木匠，在他工作的木台上写着：一个在意自己的人，成功往往不在意他；一个不在意自己的人，成功往往很在意他。

一个自卑者的自白

✽ 怀左同学

今天，我想聊聊自卑，当一个人极度自卑时，他觉得做什么都不会成功。

我身边就有这样的同学，他们害怕失败，不敢尝试，经常挂在嘴边的口头禅是“我不行”。

有一个写作功底特别好的朋友，我和他聊天时鼓励他做一次线上分享。他听罢连连摇头，然后说自己普通话不行，害怕大家听不懂。

我继续鼓励：“喜欢你的人很多，大家期待的是你分享的有价值的内容，你看很多教授的普通话都不好，但并不妨碍学生接受知识。”他听后勉强答应，说准备准备。

当我们理想中的形象没办法很好地展现出来时，我们会变得不自信，从而导致自卑。

考虑到明年毕业，这个学期我和一些同学都找了实习单位，想着提前适应社会，提前试错，到毕业时不至于手忙脚乱。但还有一些同学，想实习却总觉得自己能力不够，徘徊一段时间后，也没有迈出学校的大门。

问他想去做什么，他可以天花乱坠说很多职业，但提到执行时，他又说这只是他的一些想法，不知道可行不可行。聊天时他脸上带着慌乱，像极了我们小时候说谎时的样子，我能看出他的掩饰，其实内心深处是不自信的。

不自信会导致行动力弱、抗挫折能力弱、玻璃心严重，还容易让人停留在原地，长时间没有进步。

这其实没有对错，因为人或多或少都有自卑的一面。

我曾经也很自卑。刚上高中时学习成绩很好，家人对我的期望也很高，后来因为贪玩连续两年都没有考上理想的大学。最痛苦的是复读的那一年，每天都想着要努力，但巨大的焦虑之下，目标一旦未实现，当天的状态就再也提不起来了。

考完心态就崩了，在学习上我从自信变成了自卑的状态；家人对我的期望也全部破灭，在家里我仿佛从天之骄子一下子变成了罪人。那些年我父母最常用的句式就是：“我们为你付出了那么多，你却一点事都不懂。”

我不敢再参加同学聚会，因为很多之前成绩不如我的同学考上了名校。

我放暑假也不愿意回家，因为家人经常怀疑我在外面不好好学习，然后拿我和别人家的孩子对比。

“你看谁家那孩子，去年拿了五千元的奖学金，你怎么什么也没有呢？”

“听说谁家孩子保研成功了，你要是考

研的话就考一个最简单的吧，太难了也考不上。”

没有成绩就没有发言权，所以这种时候我选择了沉默。但人是需要鼓励的，一来二去，我变得不仅自卑，而且越来越迷茫。

最迷茫的时候，我看不到未来在哪里，不知道以后可以找什么工作，也想不通在学校所学的东西对将来有多少帮助。所以后来的大量阅读，是为了排解当时的迷茫，让自己忙起来，至少能看到自己的一点点存在。

在自己的世界里默默耕耘，这也是暂时忘记自卑的一种方式。

阿德勒在《自卑与超越》中讲：自卑情结，是指一个人面对问题时无所适从的表现。

这也是自己的需求未被满足的状态，或者害怕，或者封闭，或者否定，或者愤怒，归根结底，都是自己的能力配不上理想中的状态。

其实我们每个人都有某种程度的自卑，因为每个人都无法生活在绝对满意的环境里，在这种相互比较中，就会产生相对的自卑感。所以阿德勒又提到了超越，因为不满足，也是人们进步的前提条件。

当然，上面的故事还没完，在我上大学的时候，学习上的自卑是一方面，同时因为家里出了一些事，经济上遇到了很大困难。

普通人家，很容易因为天灾人祸而变得穷困潦倒。所以到后来，我总觉得身上压着一座大山，在做选择时缩手缩脚，“放不开”是当时最明显的状态。记得当时做兼职赚钱去旅行，后来被家人骂乱花钱，其实现在想来大学时花在旅行上的钱，全加起来也就几千块。贫穷限制的不只是想象力，还有我们的胆子。

后来索性什么都不想了，因为越想越自卑，越焦虑越害怕，觉得自己已经普通得不能再普通了，于是就沉浸在了自己的世界里，和别人交流不多，大多数时间做着可以让自己开心的事情。

活在人群中，却活成了与世隔绝的样子。

这两年因为读书和写作的一些积累，我慢慢在写作上开辟了一条路，找到了很多新的机会。其实也就是这两年，我才慢慢找回了自信，过上了“正常人”的生活。没有特别自卑过的人可能体会不到，原来普普通通，也是一种极大的幸福。

回想起来，为了超越自卑，我付出了很大的努力，这是一个逐渐战胜心魔的过程，之后也需要持续下去。很多现在遇到我的朋友说我的状态很稳定，其实之前走过的路，一直大起大落。

写到最后，我想和有自卑感的小伙伴说几句，也许有时候是我们太在乎外界对我们的评价了，也许有时候是我们给自己的压力太大了，找个时间，抱抱自己，让自己放松下来。

具体到如何超越自卑，我觉得最重要的，是先暂时停下来，花时间思考自己的处境和状态，想想什么是自己想要的，什么样的生活是自己通过努力就可以实现的，避免盲目比较，少给自己施加压力。

有了定位之后，想想解决办法，做哪些事情可以让自己进步。寻找自信的过程需要有正反馈的不断激励，例如我选择写作，就是因为可以收到很多陌生读者的鼓励，也正是他们的鼓励，让我一直坚持了下来。小成绩的不断积累慢慢刺激自己的自信心，这需要时间，需要耐力，挺过去，也就慢慢越过了高山。

愿你越过高山，愿你放马南山。

✲周子琪

当我走在陌生的土地上，我发现我就是海。
海是世界上最伟大的边界，我曾经笃信。
后来我才发现，最伟大的边界，其实是自己。

让我恐惧的只是陌生，而非生活本身

“我不想离开家。”这是参加高考的表妹走出考场的第一句话。

简单的六个字一下子打开了时空的密道，把我拽回去年夏天。我是两个人中“更懂事”的那一个，短短十八年的人生中，所有堪称重要的决定都以事实为导向——我认为在绝对的数据前，个人感情不值一提。报志愿的时候，我把自己完全交给了分数，直到录取通知书送到我手里，我才慢慢找回自我意识。我要坐八个小时的高铁去很远的地方了。

有时候“对的选择”偏偏没有说服力，人就是这个样子，对和好，总是想兼得。但选择就是选择，我做出的选择已经不是可以被橡皮擦去的2B铅笔的痕迹。

“我其实是不太想走的。”

“这没办法，你会想家吗？”

“我不想离开这个城市。”这是我对“会想家”的委婉说辞。

“快睡吧，明天要赶高铁。”

那是去年8月底的事，将近一年过去了，我还能闻到家里枕套上残余的洗发水香味。

我出生于9月，在一座北方的海滨城市——这似乎构建了我对夏天和海洋的眷恋。我出生的第二天便是我们当地的财神节，听妈妈说，当时家家户户都放起了鞭炮。显然，这鞭炮不是为我而放的，但让我觉得自己是特别的。

我对童年的记忆是老式的暖黄色，是那种以前家居装修偏爱的颜色。老家的阳光总是很好，我家在老城区，4 层已经算高，阳光不会被任何建筑物阻挡，总是能很好地照进屋子，使整个屋子的暖黄色显得越发明亮，也日渐构成我对故乡最为眷恋的记忆。

其次是海风。

海风咸湿的气息，是生活在沿海城市的人身体里自带的雷达——如果要去海边，你不必提前告诉我是去那里，我就能闻出海水越来越近。这种气息在内陆城市无迹可寻。

我曾经在离开家乡前的那一月频繁地去看海，几乎一天一次。我曾矫情地想，在横跨半个中国的内陆深处，在没有咸水汇聚的地方，我会干涸的。

只有雨水会在这里被人挽留。我看着窗外的房顶由尖变平，想到地理书上曾说过这些。海水不能喝，但我觉得自己的血管里灌满了海水，果冻状的。

而如今我所居住的城市，陌生如斯。

我在这座城市的高铁站见到了最多的学生。一列列纯白的列车转运着天南海北的年轻人，将他们源源不断地输送到西北，当年绿色的列车亦是如此忙碌。

我甚至想过几百年前有多少骏马载着意气风发的青年奔向古都恢宏的宫殿。

灰色的瓷砖和灰色的天穹，中间夹着人，排成没有尽头的队伍，我喘不过气来。

也许这座城市在那一瞬间就告诉我，它的心脏承受不了这么多鲜活的血液。为了喘息，它只能将他们泵出，重新输送到他们的来处，或让他们奔向更远的地方。

我对它没有感情。

我不喜欢它的雾霾、灰色的天空、干燥的空气、骤然消失的暑热和让人措手不及的寒冷。至少一开始是这样子的。身体的机关慢慢调试，总要有一个过程。

我在舒适圈生活了十八年，然后拖着箱子在陌生的地铁站奔波。现在想来甚至有点矫情的心境，在当时几乎是天大的事，迈出一小步都需要聚集全部的勇气。

我在车站、地铁站里挣扎了两个小时。出来的一瞬间，我闻到了茉莉花的香气——来自地铁站出口卖纪念品的小摊，一如离开那晚枕头的味道。也许从此刻开始我没有再那么抵触它。

事实证明，作为年轻的人类，生长的力量十分巨大。

在学习如何学习之前，学习如何生活，如何在大学生活——若我真的能穿越一年的时空，我会告诉自己："这比你想象的容易得多。"

让我恐惧的只是陌生，而非生活本身。在那个虚浮的夏天后，重新踏上新奇的旅途本身就足够令人快乐。

我遇到了天南海北的人，遇到新的文化，人生的边界似乎骤然伸展到宇宙，一切都值得探索，一切都能被我发现。我不再是那座被咸水包裹的孤岛，孑然一身，停滞不前。

这一趟旅途还激发了我新的爱好——旅行。

我可以去任何地方，自由得像海风。

当我走在陌生的土地上，我发现我就是海。

海是世界上最伟大的边界，我曾经笃信。

后来我才发现，最伟大的边界，其实是自己。

我在出成绩的前夜安慰妹妹，敲下这样的短信："不要怕，我在千里之外祝福你。"

✲李开春

人需要幸运，但更需要的是努力。

我就是很努力，有什么好笑的？

1

现在流行一种心灵鸡汤：你必须足够努力，才能让自己看起来毫不费力。

细思极恐，为什么要让自己看起来毫不费力呢？什么时候开始，我们这么害怕表现出努力？

我从小听过最多的一句话是："你（我）怎么（要是学习）这么爱学习呀（肯定比你强）！"我都会回答："对啊，我就是爱学习呀。"

我是别人口中那个"学习好的孩子"，但我从来不和其他成绩好的同学一起玩，就一个原因：太累了。

好学生的圈子，大家学习都好，默认的规则是：如果取得同样的成绩，100%努力的人是书呆子，50%努力的人，就是天才。

就好像那个笑话：学霸之所以考100分，是他的实力只有这么多；而学神之所以考100分，是试卷只有这么多分……

我高中在重点实验班，按成绩排座位。每天早上，坐在前两排的同学，讨论的不是昨晚的数学作业和物理大题，而是最新的电视剧。谁看的种类多，看的时间长，谁就在这场无聊的攀比中占了上风。

我前桌是个好胜心极强的人，每天变着法讲各种电视剧的进度。不仅如此，课间休息和午休还总抱着一本言情小说啃，还逢人就介绍。

但事实上，她妈，也就是我妈的同事，向我们描述，她每天看书看到凌晨3点。

而模拟考试前的课间操，简直是演技的巅峰对决。

走廊里充斥着这类台词："我昨天玩游戏玩到半夜，根本学不进去。""我也是！一口气把小说看完了，我都怕一会儿在考场睡着了。""我这个月上课也没认真听，这次完了完了。"

2

在我二十多年的好学生生涯中，遇到过太多这样的人。

学霸们为了证明自己是天才，装作"不读书也能取得好成绩"，来打击和迷惑对手。另一方面，他们可能也怕，如果努力却没有成功，会遭到别人的嘲笑："你看他那么努力，不也就那样？"

我懂这种心情，人总希望给自己留一点余地，失败的时候起码还可以说，自己只是"没有用功"，而不是"我不行"。

人们的潜意识里，"毫不费力"似乎比"拼尽全力"更高级。人们羡慕天生就拥有各种天赋的人，所以拼命假装自己就是那样的人。

我相信世界上可能会有天生就瘦，天生就美，怎么折腾也不变样的仙女，也可能会有不努力就比一般人厉害的天才。但是我觉得，靠努力维持住的好身材、好面孔、好成绩，一点都不逊色。

比起隐藏自己努力的人，那些自己偷偷努力，还对其他努力的人冷嘲热讽的家伙，更过分。

3

上大学时班里有个男生，每天在宿舍戴着耳机，打开电脑的视频播放器，让人以为他是在看剧。

实际上，他的视频永远是暂停状态，屏幕的角落里是各种学习资料。有人经过的时候，他还会故意频繁敲击鼠标，装作在玩游戏。时不时转头问室友："哎，你们不杀两把吗？"

看到同寝室的同学在学习，他还会忍不住吐槽："你学习好努力好认真啊！"看到室友出门，必定追加一句："又去图书馆学习啊！"自己去图书馆碰见室友，立马解释："来图书馆蹭会儿空调，顺便看看美女。"

这样做真的好吗？

自信的人，不会阻止别人努力，只会让自己加倍努力。之前看到娜塔莉·波特曼接受访谈，被问怎么看待努力和幸运。她回答："在学校的时候，总有人得到好成绩之后还要说自己几乎都没学。我心里说，我知道你学了。世上的确有人不付出很大努力就能获得成功，可能是因为幸运。"

不可否认，人需要幸运，但更需要的是努力。

我觉得躲躲藏藏不让别人知道自己有多努力，很不大方，这会让努力了却没有得到回馈的人感到不公平。要诚实面对你获得成功的过程，同时也不要对自己的努力孤芳自赏。

这样才对。

✽梁岁岁

我们都是不完美的小孩

我的初中同桌F君，是典型的“别人家的孩子”。他个子高高的，皮肤白净，普通话说得很标准，时常主持学校的晚会，出尽风头。更要命的是，他的成绩从来没有跌出过年级前三。这样优秀的他，让同桌的我压力很大。

晚上回家吃饭，妈妈总要问我考试了吗，F君考了多少分。

我一边扒拉着碗里的米饭，一边慢悠悠地回答她的问题。妈妈听后，恨铁不成钢地看着我，让我多多跟他学习。

隔天，我便对F君吹胡子瞪眼，连有疑问的题目都不再去问他。F君不知道发生了什么，抢过试卷给我讲题，我低着头不理不睬。

“怎么了？”他温柔地问我。

我终于忍不住，开始埋怨他为什么如此完美。F君被我逗乐，嘴唇勾起一个弧度，那样子实在好看。关键是他脾气还特好，让我感觉自己的怒火像砸在棉花上，没有得到回应，最终只能听他讲题。

那时候，F君是我心中的完美小孩，虽然他的存在让我倍感压力，但我总觉得他还可以更好一点，拿更多的奖，被更多人看到，将来理所当然地过上顺风顺水的日子。

我看着他，暗暗下定决心努力，“痴心妄想”自己某天也能闪闪发亮，变成和他一样厉害的人。可是，我还没来得及“发亮”，便失去了和F君做同桌的机会。

当时是初三，我发现他总是脸色惨白，没有精神，问他怎么了他也不说。后来，F君的名次开始下滑。有一天，我看到他妈妈来学校，大约是和老师交流成绩的问题。

F君的妈妈和老师聊完后，到教室询问了他几句，又打开他的桌洞扫视一番，发现没有什么异样，才心满意足地离开。临走前，F君的妈妈看着我桌上花花绿绿的明星贴纸，下意识皱了皱眉头。

我小声跟F君说，他妈妈精致的发型好漂亮，看起来和他一样完美。F君只是微不可闻地“嗯”了一声。

没想到第二天，班主任找到我，委婉地表示要我换位置。我忍不住问原因，说自己跟F君坐在一起受益良多。

我搬走的时候，F君一脸无奈，我惋惜地说“以后不能做同桌啦”，他只是勉强对我笑了下。不久后，我在班上听到了班主任让我搬走的真实原因——F君的妈妈觉得我带坏了他。

哎，只是桌上有贴纸而已，干吗这么认真？我感到十分委屈，但没有迁怒于F君，再见到他，仍然报以微笑。反倒是他不好意思，略有些不自在地冲我点头。

春节过后，我在走廊上见到了F君，看他越来越没有精神，不由得有些担心。某天，他晕倒在了教室。同学们七手八脚地扶他起来，送他去医务室，不小心看到他手上居然有很多伤痕。

次日，班主任告诉我们，F君会在家休养，到时候直接来中考。学校里没有了F君，却依然有他的传说。

女生们都在猜测，F君的漂亮妈妈是继母，脾气很大，对他不好。我坐在旁边，没有说话。有人问我F君是否还有什么秘密，我摇摇头，借口去卫生间走开了。

这天中午，我在学校外面吃午饭，无意间抬头居然看到了F君。他坐在面馆里，见到我就慌慌张张想躲。我热情地冲上前，问他到底怎么了。F君只说自己生病了，让我不必担心。看着日渐消瘦的他，我叹口气，嘱咐他好好照顾自己。F君听到这话似乎被感动，对我说："有时候我真的很羡慕你。"

我瞪大眼睛，实在不知道自己有什么值得羡慕的。

他继续说："因为……你可以不完美。"接着，F君跟我说了他的故事——原来，他手上的那些伤都是自己弄的。

他的妈妈并非继母，只是每当他没考好时，便会好几天不理他，他渐渐形成了一种压力，强迫自己去学习。后来几次发挥失常，F君看到成绩不由得发火，居然拿起戒尺抽自己。这种行为愈演愈烈，F君的成绩没有起色，他妈妈又时常教训他，直到日常搞笑的我搬走，不再继续和他做同桌，他便崩溃了，经常不吃饭惩罚自己，于是发生了晕倒的那一幕。

在家休息的时候，F君的妈妈发现了他的异常，她领着F君去医院，却被医生告知F君有心理疾病。看着越来越内向的F君，他妈妈也没有办法，只能乖乖配合医生治疗。

和F君聊完的那个下午，我整个人都沉浸在震撼之中。在我心里，一直很完美的他是我羡慕钦佩的对象。我从未想过，这个完美的小孩也有不为人知的一面。虽然我妈也让我认真读书，可她从来不会逼我努力。她总说："一个人努不努力，是看喜欢的程度，别人没有办法强迫。"

我发现，好像确实如此。

很多人读小学、初中、高中时名列前茅，到了大学，没有人管便放飞自我，甚至自甘堕落。可是，人生并不是以某场考试为终点的，一次考试只是下一个故事的起点。

我当时觉得，我们最终走过的路，都是自己的心之所向。在学校的时候，认真学习是为了不负青春，但为了"完美"舍弃这一切，同样是对青春的辜负。

中考之后，回学校拿毕业证时再看到F君，我更加坚定了自己的想法。

那时，F君长胖了一点，看起来精神焕发。他跟我说，高中他会和妈妈去另外一个城市。这个暑假，他们会去大理旅游。

我满心羡慕，跟他告别。

后来，我们偶尔在QQ上联系。说起高中学科的压力，他安慰我，让我不要太放在心上。可惜，不久我便被盗号，再也没机会跟他联系。

很多年过去，我辗转从别人那里听到他的消息，据说他上了个普通的二本大学，毕业后在一个普通的公司上班。我听后忍不住怀疑，记忆里的那个完美的小孩，究竟是不是我的错觉？

可谁又知道呢？生活中的你和我，大概从来都是不完美的小孩，而不完美的我们，也能认真热爱当下的一切，努力过好这一生。

✿王小吉

选择做自己喜欢的事，成为心目中更好的自己。

你知道自己为何而活吗？

在做心理咨询的过程中，我遇到过不少学生和我说，他们不知道自己为何而活，当然也不知道自己为何而学习。他们很容易感觉到迷茫，也很容易放弃。

因为他们找不到活下去的力量，也没有坚持学习的动力。

我不知道你是否也有过这样的烦恼，但我知道不少患上神经症和焦虑症的人都有这样的困扰。

尼采说，当一个人知道自己为了什么而活，他就能够忍受任何一种生活。生命中最难的阶段不是没有人懂你，而是你不懂你自己。不能服从于自己，便要受命于他人。

如何知道自己为什么而活，如何做到懂自己，了解自己，服从于自己，这确实是人生非常重要的课题。

我有一个大学生来访者，他叫小志，一直以来都有这样的困扰，尽管他已经上了大二，仍然对学习这件事感觉很烦恼。

通过咨询我了解到，小志成长在一个极为严苛的家庭。他的父亲是一个很好强的人，但因为种种原因没有上大学。而这个遗憾让他把此生全部的愿望都寄托在了小志身上。

小志说，从小到大，他都活在父亲逼他读书的心理阴影里。读书这件事与其说是一个必须做的功课，不如说是一项苦役。想到学习时，他联想到的永远是父亲严厉的目光，这让他不寒而栗。

在父亲看来，只要他有一刻没在读书，就是不务正业。所以有父亲在身边的日子，他活得就像一个只会学习的机器。只要被发现有一刻走神，即使没有打骂，冷嘲热讽也是必不可少的。

所以，学习这个事从来没有让他产生过乐趣，更不用说什么渴望和快乐。即使后来考上了大学，他仍然觉得读书不是为了自己，也不太喜欢学习，成绩自然也不太理想。而父亲这几年一直在为生活奔忙，对他的监督比从前少多了。即使这样，他仍然活在对父亲的恐惧中，也活在对学习的厌恶中。

最近这段时间，他疯狂地迷恋上了打游戏，他说只有在游戏的世界里，他才能感觉到自我的存在感和价值。然而，再过一段时间就要开学了，而开学就意味着考试。一想到考试，他就有一种如芒刺背的感觉，焦虑不安，内心一刻也无法平静。

他说他真的太害怕了，他不想面对考试，却又知道自己躲不过，所以，他不得不放下游戏，重新拿起课本。

只是明知道必须学习，却又没办法让自己坚持学下去。

对于小志的遭遇和所面临的困境，我相信很多学生都不陌生。

小志的父亲所采取的教育方法是众多望子成龙、望女成凤，又不懂教育为何物的父母的首选。他们用简单粗暴的方式来强迫孩子学习，打着“我都是为你好”的名义，一步步让孩子对学习从好奇变成恐惧。

通过好心办坏事的做法破坏了孩子原本的求知欲，用惩罚式的教育伤害了孩子对学习的兴趣与自信，让他们把获取知识这个原本可以充满成就感的过程变得苦不堪言。这种伤害不仅体现在学习上，更体现在人生上。

在这样的环境中长大的孩子，既找不到人生方向，更缺少自信和力量。

如果你是小志，你也有像小志父亲这样的父母，你又该如何应对呢？

我告诉小志：“首先，你要知道问题形成的原因。如果你一想到学习，就想到了受苦。那么，让你学习这个事确实太难了，因为谁也不愿意自讨苦吃。然而学习真的如你想的那么难吗？学习或许并没有那么讨厌，是你父亲的高压教育，让你失去了对学习的热情。事实上，学习本身可以很有趣，只要你开始认真对待它。就像你认真对待任何你喜欢的事一样，比如打游戏。”

小志说，他不喜欢他所学的专业。

我问他：“你认真学过吗？”他想了想说：“从来没有。想到一切有关学习的事，就感觉到父亲强加在身上的压力，所以会本能地抗拒。”

我告诉他：“你要搞清楚一件事，你学习这个事和你父亲没任何关系，是他误导了你，让你有了这样的错觉，以为你在为他而学。你的人生是你自己的，你不是你父亲的续集，你父亲也不是你的前传。你们是两个完全不同的故事，你才是自己人生的导演。之前，你太小，确实没办法改变，但现在你长大了，你的人生剧本要自己写了。

这个前提不是你不理他了，而是你试着接纳他，因为接纳他也相当于接纳了曾经的自己。你需要解决问题，就要放下恨。

你只要一天不放下，它就会让你痛苦一天。告诉自己，无论过去发生了什么，你和他都已经做到最好了。”

小志看着我说："老师，可事实上我确实受到了伤害，我感到很痛苦，我没办法否认呀。同时我还有很深的无力感，我没有坚持学习的动力。怎么办？"

我继续和他解释道："你需要明白，你父亲强加在你身上的期待，是不合理的。而你对他成为理想父亲的期待也同样不合理。你感觉受到了伤害当然是真实的，不需要否认。因为他给你的爱让你感觉到了被控制。之前，你和你父亲一直是共生的关系。他在为你的人生负责，你在为他的情绪负责。你恨他，但你在内心又非常依赖他。你自然感觉不到自己的力量。"

我问小志："你准备好为你的人生承担全部的责任了吗？"

他点点头。

我告诉他："当你为自己的人生负责时，你就变得有力量了。因为无论好坏，你都不能再怪你父亲了。从现在开始，你的人生由你自己做主了。你要不要学习，你自己说了算。你可以选择学习，也可以选择不学习。无论你怎么选择，结果都由你自己来承担。你想好了吗？"

小志想了一会儿说："我好像明白了，现在需要我自己规划人生了。老师，我想问一下，我接下来该怎么做才是最好的呢？"

我告诉他，选择做自己喜欢的事，成为心目中更好的自己。同时，不怪自己也不怨别人，完全地接纳自己和父亲以及曾经的种种。

之后的一段时间，小志向我汇报了他的改变——

1. 努力健身了，身体很舒服。

2. 认真学习了电力电子技术中单相半波整流电路，真正静下来，系统化学习其实并不难，它们很有特点，掌握那几个点即可。我完成了，我做到了，真是棒极了。

3. 和同学去了当地一个景区，几乎玩了一整天。很热闹，人很多，那感觉很奇妙，真是棒极了。我很多年没有这么悠闲过了。这是我很久以来做的最棒的一件事了。特别有意义，让我觉得这人间还真的很美好，活着真好。我感觉自己放开了，想做啥做啥，不限制自己了。唯一没有改变的是，依旧抵触学习。

4. 今天我去重修了去年的课程，潜意识居然认为以前学过的课会比较好学，而事实也是如此，真的很容易呢。现在我的世界一切安好，生活里的一切都感觉清晰可见。

5. 今天做得最棒的一件事，是继续去上了我重修的课程，我慢慢地发现这是有规律可言的，而且一点都不难。这一次我居然认真地学了两个小时，我全都会了，简直太棒了。我很有成就感，真的激发了我学好课程的信心。这一天我感觉自己过得非常充实。

6. 我发现我还是不够了解自己，不够认识自己，总是按爸妈想要的去做，事实上那并不是我真正想要的。我现在已经可以静下心去感知自己、倾听自己了。我相信我可以慢慢去了解自己的，慢慢来，我有信心，未来一切都会很好的。

与内耗的漫长斗争，我赢了

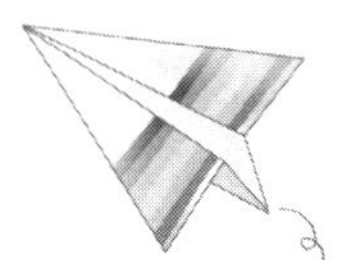

最坚强的时刻在梦里

李 娟

很久以前我们还在牧场上流浪，那年外婆八十八岁，我决定带着她离开深山。

我收拾好行李，和外婆走到土路边等车，等了很久很久。

我对外婆说："以后你就跟着我过，跟我到乌鲁木齐生活。"

那时我一直在心里盘算今后我们两个怎么过日子，租个什么样的房子，打什么样的工。

外婆轻轻答应着，但什么也没说。

车快来时，她才说："我不是不想和你在一起。我是怕拖累你。"

我眼泪流个不停，但还是说："外婆，我们永远在一起，你不要害怕。"

后来车来了，我们上了车。

我晕车，一路上不时地下车呕吐。每到那时，外婆也跟着我下车，抚摸我的背。

后来，汽车路过荒野中的一家简易的小食店，所有旅客下车休息。

当时那家店里只提供一种食品：炸鱼。我什么也吃不下，只给外婆买了一些。本来外婆从不吃这些有腥味的东西，但那天饿极了，吃了很多。

之前我们在山林间一连坐了七八个小时的车，一路颠簸，疲惫不堪。

还有一次，一个朋友给我打了一个很长的电话，告诉了我一些事情。我闻之如雷轰顶，却强装镇定，思路清晰地与她一问一答。

挂上电话后，我万念俱灰，像是一生中第一次感受到一个词——"无依无靠"。

我趴在床上不顾一切地痛哭，后来听到外婆在隔壁房间走动的声音。

有一次我搬家到城里，便立刻把外婆从深山的破帐篷里接来。

那个房间空空荡荡，我们所有的家具只有一把折叠的行军床和一根绳子。外婆睡行军床，我直接打地铺。绳子横牵在客厅里，所有衣物和零碎物什都挂在上面。

直到半年后，我才有了一张床。又过了半年，床上才铺了像样的褥子。那一年，外婆九十三岁。

当我搀着她第一次走进那个空房间时，我对她说："外婆，以后我们就住在这里了。"

她四处看了看，找个地方坐下来，解开了外套扣子。

有一次，我决定不上学了。

我去找我妈。坐了很久的车，到了遥远山脚下一个从未去过的村庄。下了车，司机指着村头一幢孤零零的泥土房屋说："那

就是你家。”

我推门进去，迎面扑来羊肉的味道。

外婆正在炖肉。

她一直不能吃羊肉，甚至闻着那味道就恶心，但她知道那个是有营养的东西，还是乐于炖给我们吃。那年她八十六岁，还没有摔跤，还没有偏瘫，还很硬朗很清醒。

那时我们生活的房间很小很小，顶多十个平方，分为两部分，中间挂了块布帘。前半部分是裁缝店，后半部分铺了床，砌了一个做饭的小炉子。我们的店一共只有四五匹布稀拉地挂在墙上。

而村里的另一家裁缝店有五六十种布料，五颜六色挂了满满当当一面墙。

我不上学了，开始在这个泥土房屋里跟着妈妈干裁缝活，生活终日安静。

后来我妈买了一台录音机，整天不停地放歌。后来所有磁带里的每一首歌我们都会唱了。

有一次，我从打工的工厂辞职回家，那一次我们的家还在深山里，是一个用几根木头撑起来的塑料棚，还没有帐篷结实，勉强能够挡风避雨。

我走进塑料棚，看到妈妈正在称糖块。她把称好的糖每两百克分作一堆。

外婆在一旁，将那些糖堆一一装进事先准备好的塑料袋里，一一扎紧袋口。那样的一包糖卖两块钱。

两个人静静地做着这事，做了很久很久。我看到柜台下已经装好了好几箱子这种分好的糖包。

还有一次，我五岁。外婆对我说：“我们没有钱了。”使我生命中第一次感觉到了焦灼和悲伤。

那时我的妈妈在外面四处流浪，外婆是拾破烂的，整天四处翻垃圾桶维生。

我在吃苹果的时候对外婆说：“我一天只吃一个，要不然明天就没有了。”

很多年后，外婆都能记得这句话。

这些，都不是梦。

昨天晚上的情景是梦。我梦到以前不停地搬家租房的那些年月，梦见很少的一点点商品稀稀拉拉地摆在宽大的货架上。梦见我们一家三口安静地围着一盘菜吃饭。

生命一直陷落在那些岁月里。

将来，见到他以后，我要对他说：“世上竟会有那么多的悲伤。不过没关系的，我最终还是成为自己最想成为的样子。”

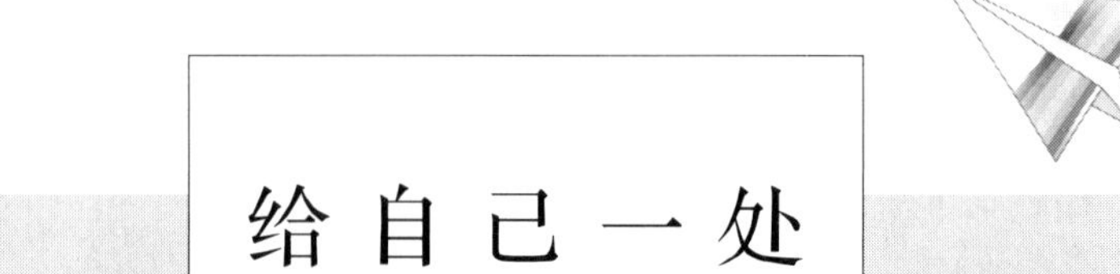

给自己一处精神自留地

席 瑞

每年都会有学弟学妹问我："读中文系是什么感觉？""读中文系好找工作吗？""能找什么样的工作？"

我于2014年参加高考，不顾家人的反对，坚决要报考中文系。

父亲生气极了，叫了几乎所有亲戚来轮流说服我改变主意。

这些话无外乎："学文科找不到工作。""学文学是风花雪月，是对自己和家人的不负责。"

时过境迁，到现在这些话依然不绝于耳，稍显遗憾的是，以前更多的是长辈这么说，现在却多是年轻人自己否定自己的选择。

说实话，当时的我确实有很多问题想不清楚，也不可能想清楚。但我知道一件事，那就是即使其他专业再好，如果我不喜欢，肯定也学不进去。

很多人觉得，谈喜欢是件奢侈的事，如果没有一定的基础，好像我们就不能或者不配去做一件令自己开心的事。

这当然有一定道理，但我觉得生活越是艰难，现实越是逼仄，喜欢的力量就越是重要，我们就越应该培养出自己的一块精神自留地。

我选择中文系时，也面对着前途未卜的未来。

当时，辅导员对我说，迷茫是人生必经的过程，如果一个人读大学时没有迷茫过，那就说明他的大学白读了。

还记得有次大一的写作课上，老师把我们"赶"出了教室，因为蜀地多阴雨，在那个难得的午后，久违的阳光洒在图书馆门口的草坪上。老师说："如果你连身边的阳光都看不见，你们又能写出什么？"

还记得大二的诗歌课上，老师让我们写诗、念诗，在傍晚火烧云的余晖中，她读着同学的习作"夕阳一吻山河老"，余韵悠长。还记得大三在中国台湾的"中山大学"交流，在西子湾旁听余光中先生朗诵《乡愁四韵》，潸然泪下。

这些回忆的碎片直到今天依然熠熠生辉，是它们构成了我喜欢文学的理由。每当我陷入现实中的困境：事业不顺、不被理解、恋人远走、朋友淡漠……我都会重新在脑海里演绎那些情节，翻阅那些篇章，获得治愈。

中文系入门第一课，系主任在讲台上说："我们教的是'屠龙术'，而非'稻粱谋'。"这当然是中文系的自我赋义，多少有点儿不谦虚的味道。

当我走出校园，在社会上摸爬滚打了几

年后，逐渐明白了“稻粱谋”的重要，但更理解了超越“稻粱谋”也是一个人的重要需求。

悠悠众口皆以为然的“温饱思文艺”“马斯洛需求”，很多时候是不断将精神世界置后的借口，丰裕的物质满足最终无法覆盖精神领域的匮乏。

文学是我进入世界的方式，它将那些普遍的人生境遇、瞬间感受提炼出来，使之成为永恒。

我并不是拥有了一切才选择的中文系，相反，我选择中文系的时候一无所有。

可能是当时的境况不如这两年逼仄，又或许是我成熟得太晚，那时问不出“中文系毕业后要干什么”之类的问题。

得益于此，读一首诗、看一本书成了理所当然的事情。那段时光很纯粹，也是我读闲书读得最多的时候：有些书看得津津有味，读完便忘，但不觉可惜；有些书没有翻完，乘兴而来，兴尽而归，也没有强迫。反倒是如今，很多人会问我，看什么书能够口若悬河、才思敏捷，甚至有人问看什么书能够日进斗金。我们太想获得一个结果，但没有哪本书如同神功秘籍，能让人瞬间飞升。

我很庆幸，在某些被大家赏识的才能背后，有一汪滋养我数年、源源不断的活水，有一块精神自留地。

这几年，我们问了太多关于“有用”的问题，把一切不能直接出成效的事物说成理想主义，以至于精神内耗、耗尽元气。我不喜欢现实主义与理想主义的二分法，因为再理想的人终究要面对现实，再现实的人也不可能不产生一丝超越现实的念头。

理想与现实本就同在，理想是我们同时面对外界与自我时的回声。精神自留地的意义，就是将我们从有用与无用、现实与理想的对立中解放出来。一个有精神自留地的人，是一个深度满足的人，他不会追问这些。

很多人把世界理解成种地，春种秋收，种豆得豆，于是在种豆的时候就计算着收成，在种植的时候就担心白费力气。我把世界理解成星空，我们的每一个选择、每一段经历都是一颗星星，这些星星有时候甚至很长时间都被乌云遮住，但斗转星移，也许在未来的某一日会被突然擦亮，划破人生的黑夜。

精神自留地当然不只有文学，它可能是音乐、摄影、宠物……在我最沮丧的时刻，我的朋友安慰我：“你还有一个内在的世界可以回归。”

我也把这个祝愿送给同学们，期望你们永远有一个内在的世界可以回归。

有的人之所以迷人，是因为她擅长做自己

✻闫晓雨

毫不夸张地讲，我是有“锦鲤”体质的人。

不是那种大富大贵的命，但总能收获生活的奇妙恩惠。

举几个小例子：

从小到大，我喜欢的朋友，她们也总喜欢我。

毕业后换过几份工作，只要是我特别想去的公司，最后一定会录用我。

我18岁时最大的梦想，是可以出一本自己的书，28岁时回望，惊讶地发现不知不觉中我已经出了6本书。

说这些绝无“炫耀”意味。看似坦途的背后，也有很多弯路，后来我才发现人是要给自己“正面反馈”的，不自信的时候，啥事都做不好，带着一股脑的热情和赤诚反而会把水逆变成转机。

我所经历过的幸运，回头看其实那不是境遇给的恩赐，而是自己一次次靠努力和好心态得来的局势——要做咸鱼里，最能扑腾的那一条。

当你面对未来的期待超过恐惧，许多障碍会自动消失。

幸运的本质就是主动。

它就像你叫的外卖，你以为是外卖小哥解救你于饥饿之中，其实本质上，还是因为你自己预先做了“下单”的动作。天上不会掉馅饼，但你可以自己点外卖。

我喜欢的人总是喜欢我，是因为在面对她们的时候，我的眼睛是亮晶晶的，我会拿出自己百分百的诚意与善意，和对方相处。

我想去的公司能录用我，绝不是单纯的“碰运气”和“死磕”，而是因为那是我向往的平台，我会刻意下功夫去研究他们的项目，去分析，去思考，去主动表达自己的想法，用创意和实力打动面试官。

20多岁累计出版6本书，别人听起来会觉得“你好年轻”，但只有我自己知道，我在写作这条路上已经默默努力了十年，熬过无数个夜。

我在各种不可思议的时间和场合赶过稿子：在除夕，在出租车上，在朋友婚礼的后台，在许多个下班后匆匆吃一口外卖的夜晚。

是生活捶打出的故事鳞片，才造就了我的“锦鲤”体质。哪有什么幸运常伴，不过是一个平凡女孩的倔强。

说起“锦鲤”，我会想到自己第一份工作的女老板。

任何一段旅程的出发点都应该是自己的心，留住春天的唯一方式，不是成为花，而是成为春天。

你越做自己，就越有人欣赏你。

她曾经是《环球企业家》杂志社的总经理，后来选择自己创业，创办了一家专门服务于顶尖企业家、精英高管的传媒公司。

我去报到的第一天，就听到同事们说起老板的“创业故事”。我才得知，这家公司不是她一个人创建的，而是10位当时国内的知名企业家共同投资创办。

这些人最早都是她在做记者和主编时的“采访对象”，后来变成与她交往密切的“生意好友”，再后来，成为她的天使投资人。

据说，她当初是在一次私人聚会上提出了自己创业的想法。

当时的她并没有太多财富积累，却用自己独特的商业嗅觉和一流的讲故事能力，折服了在场的所有企业家。她原本没有“拉投资”的目的，只是阐述自己的想法，但她充满感染力的表达最终赢得了所有人的赞赏。

在这些商界好友的帮助下，她开了自己的公司。

她走的每一步，在外人看来都无比幸运。只有真正和她接触过的人才知道，她的才华、能力和真诚配得上这一切美好。

我在工作中渐渐发现，她和报纸上的“女老板”不同，她不是一味强悍、走路带风的传统事业女性，而是理性与感性并存的人，她会严格要求大家，也会偶尔像个小女孩一样在办公室里分享自己的趣事。

她对她的野心从不掩饰，月亮和六便士她都要。

在她的身上，看不到那种“拧巴感”，她敢于大胆畅想未来，会在同伴工作受挫时暖心抚慰，会和公司里年轻的“小朋友”探讨成长路线，也会在项目测试失败后公开承认是自己决策失误了。无论身处何种境遇，她都拿出最真诚的姿态来面对生活。

这是她身上独特的“做自己”的人格魅力。

她让我看到女性身上真正闪闪发光的东西：从芸芸众生中走来，脆弱又坚强，温柔又坚定，那种完完全全活在当下的热气腾腾的生命力。

一个人最美的样子，就是当她全情投入自己的生活，活得像是在舞台灯光下的样子。

你越做自己，就越有人欣赏你。

这点放在爱情上如是。

我一个女性朋友，过去总是在情感里受伤。她的情路之波折都可以写一本狗血小说了。

后来有一次，我们夜里在她家喝了点儿小酒，借着微醺的劲头，几个人敞开心扉聊起了谈恋爱这件事。

她晃晃杯子，叹了口气："其实，我知道我的问题在哪儿。"

用她自己的话来形容，其实她的情感模式是不健康的，她平日里是一个非常"拎得清"的女孩，有敏锐的洞察力，独特的判断力，在工作和人际关系上都游刃有余，但只要喜欢上一个人，立马就会变得特别卑微，会事事以对方为先。

她会过分在意"对方喜欢什么"，如果对方喜欢长发，她就会蓄长发；如果对方不喜欢她出去玩，她就大部分时间陪对方在家打游戏。渐渐地,她开始变得不像自己，当她内心的天平全部倾斜到恋人的喜好时，她本身的魅力，反而消失了。

要知道，一个人喜欢你，肯定是因为你有自己的特别之处，而当你完全顺从、依附、妥协，你也就离他最初喜欢你的样子越来越远。

她上一段恋爱谈了半年多。对方是个弟弟，追她的时候充满无限热情，会在早上七点多到她小区门口给她送早餐，会在她工作到深夜时带着一束花去接她下班，但真正在一起之后，对方却逐渐冷淡下去。

我们不去对这段感情进行抽丝剥茧的分析。

在女孩转述的分手理由里，男孩说："我原本以为你是一个独立的女孩，但后来觉得你太黏人了。你都没有自己的生活圈了，我感觉很有压力。"

她抿了一口柚子味的果酒，耸耸肩："可笑吧。喜欢一个人不就是会想要黏着对方吗？"

我们相视一笑。

喜欢一个人，当然想时时刻刻和对方在一起，但假设其中有人的真心撒了谎呢？

另外，很重要的一点，是我自己非常想和年轻女孩们分享的：无论和谁在一起，都不要丢了你自己。

爱情的美好，在于它是疲惫生活中的一颗糖，当我们被高压的工作压榨出辛辣酸楚，当我们尝到成年人世界里世事无常的苦涩，它的出现，能召唤出我们心底最柔软美好的憧憬。

当你的生活全部都变成一颗糖，过度的甜腻反而让你丧失乐趣。

"你给得太多，就不被珍惜了。"

朋友点点头："你说得太对了。"

我知道很多女孩，在谈恋爱的时候都容易陷入这样的误区，因为太喜欢了，反而手足无措，因为太在乎了，才想要拼尽全力留住对方。

讨好型人格，某种程度上是一种爱的匮乏。而爱的匮乏使我们对爱情的期待变得十分理想化，这也必然导致期待破灭。

你的生活重心都不在自己身上了，你的光芒也会随之消失。

后来我这位女性朋友没有再执迷于谈恋爱这件事，开始回归到自己的生活轨迹上，专心工作，真诚待人，她还是会有新的约会对象,但她反而变得"平常心"了起来，还是会用自己的一腔孤勇去爱，还是在爱情里毫不遮掩自己的真心与忐忑，但不会再为了对方而去一味委屈自己了。

想要获得同等的爱与尊重，首先你要好好对待自己。

无论是工作、恋爱，还是人际关系。

任何一段旅程的出发点都应该是自己的心，留住春天的唯一方式，不是成为花，而是成为春天。

99% 的人都过着 不喜欢的人生

✽简浅

十六七岁时，我身边常有人说："好害怕一生都是个普通人，做不喜欢的工作，过不喜欢的人生，潦草结婚生子，再老去死去。"

年龄越大，这么说的人就越少了。太多人在碌碌无为的路上前赴后继认命，满腔热血渐渐凉去，瞳孔里没了光。

被生活磨去激情的人，大抵都信奉着"努力不一定成功，不努力一定很轻松"的人生信条，将青春期迎风大喊的誓言都随风飘了去。我们一步步将自己的人生摧毁，全然不知。

我欣赏过一个女孩，她曾威风凛凛地站在演讲台上，在气势如虹的配乐中讲解她的参赛作品，语毕，掌声雷动，台上的她，如一代女侠破空而出，够酷。

去年，我参加微博的一场线上访谈互动活动，她全程看完我回答的每个网友提问，在活动结束后，发私信给我，问："你还记得我吗？"

我当然记得她，谁都会记得最亮的那束光，即使她会慢慢黯淡。

她自顾自打了好几大段话来，大概表示羡慕我现在的生活，后悔当初慢慢觉得坚持和努力没什么用，选择天天晚上去酒吧喝酒、白天在宿舍睡觉的生活，毕业工作两年来，也浑浑噩噩，不知未来在哪里。

我回复：我还记得我们认识时，你那场演讲，一直记得。

三天后，她回复了我，说："看完你的回复，我大哭了一晚上。"

有一个词，每次听到，我都感到心酸，叫"迟暮"。这让我想起悟空在拜师求艺时说："我无性。人若骂我，我也不恼；若打我，我也不嗔，只是赔个礼儿就罢了。一生无性。"你以为他是无法无天的反叛者，以为他是遇佛杀佛的煞星，以为他是血性男儿，是孤胆英雄，那一句"俺老孙是齐天大圣"多血脉偾张，染一身血腥大杀四方再踏遍风尘，传说只给他人言说。未料，他在未习得那一身本领尚不是不死之身时，也只是见机行事、怕惹是非、畏畏缩缩的普通石猴。

英雄迟暮令人唏嘘，可英雄也曾懦弱，虽多了分真实，但也多了分幻灭。最心酸的，是从未璀璨过，在不喜欢的人生中耗费了太多光阴，想要再次起身时，才惊觉背已被压弯，无法直起，只能望着眼前荆棘叹息。

在有勇气和力量越过荆棘时，就越过去，哪怕会落入荆棘，最终的结果是满身鲜血，可你仍能逃离。

不要等到彻底被磨去锐气、失去动力时，才发现在荆棘中痛不欲生，那时候再逃，就逃不掉了，你永远只能活在挣扎中，永远困在你不喜欢的荆棘人生中。

我只想成为 1% 的人，过我喜欢的人生。

我很矮，但已经不重要

✻鱼丸

我很矮。

这既是形容身高，也是描述性格。

从小学到初中，我都坐在第一排。老师的目光越过我在看最后一排，我偏觉得她紧紧盯着我，便不敢轻举妄动。

那时候，语文老师在我的课桌前讲课，她生气时，连带着她手中的书本都在抖动，我眼前的碎发就这样被书本带来的风吹起来。数学老师叫我们不要低着头，我就高高昂起我小小的头，仰得脖子都酸了，老师说："看我干什么！看书！"英语老师喜欢戴"小蜜蜂"，她站得离我太近，以至于她的声音震耳欲聋，我只得微微侧一点身子。她竟"得寸进尺"，用我的红笔或者念出我练习册上写得歪歪扭扭的答案。

我很矮，不仅体现在我排队是第一个，座位在第一排，还体现在我懦弱、自卑。

每次走在学校走廊上时，我总是最矮的那一个。我总低着头，因此看到的都是别人的脚。我很胆怯，故而我的声音很小，也没什么自信。

慢慢地，我总是妥协。

我成绩还不错，性格也好，用现在的话来说，就是"讨好型人格"，要是用三个字概括，就是"老好人"。竞选小队长的时候，我被选上了，那是我第二次被选上。

班上的小队长泛滥成灾，几乎所有人都当过小队长。当过小队长的人全都站起来后，剩下的男孩是为数不多竞选了几次都没选上的人。

我记得老师说："不如你把你的小队长让给他吧，反正你也当过一次了。"

我不敢揣测她是以什么样的心态说出这句话的，但我是以一种谦让是美德的心态让出我的小队长的。

那时的我很矮，那个男孩很高，把我的小队长让给他后，我更矮了。

我高高地昂起头，他垂下头，这样我才能与他对视。我把我的"一杠"递给他，老师夸了我，我却差点哭了。

后来的很多年里，即使我长高了，我的内心还总有"我很矮"的自我暗示。

那是一个小女孩在没有光的舞台边坐着，她缩在角落里，手里攥着一个玩具熊，只身一人。过了一会儿，她站起来，忽地，一束巨大的灯光打在她身上。灯光很亮，她面色苍白，像被迫上台的替身演员，紧紧攥着手中的玩具熊。她害怕地退到角落，可是灯光仍照着她，比刚才还亮。

我就是那个小女孩，那个矮小的、孤

独的、缩在角落的小女孩。

其实我有挺多优点的。我成绩不错，有点才艺，为人也不错，很多人夸过我。可在每一个无声的夜里，每一次失眠、焦虑、迷茫的时候，我都会想起那句没头没尾的话。

“我觉得你很懦弱。”

那句话缺乏前因后果，因为时间太久远，记忆已变得模糊。

那句话作为一个论点，没有论据的支撑，我却没理由地信服，认定那句话是正确的。

记忆里，那天无风无云，太阳烤着草坪，我低着头，我的朋友对我说：“我觉得你很懦弱。”

我大概是愣住了。

当时，我没有什么反应。可后面的几天、几个月、几年，那句话在我失败时、迷茫时、焦虑时不断回响。

每当我试图去分析它，解释它，我都觉得自己无法面对。

我甚至不确定那句话是否真实存在过，而它就这样真真切切地影响了我许久。

它像在评论那个小女孩。她缩在一旁，所有的画面融成那一句话，和很亮的灯光一起重重地打在她身上。

后来，我长大了，我不再矮了，虽然也算不上高。

我是什么时候发现这一点的？

是在很多个时刻。

当我被挤到地铁的角落时，我依然驼着背，却发觉自己已经比地铁上大部分的成年女性高了；当班级重新排座位时，我仍站在第一个，老师却把我拉到后面去，我不再一直坐第一排，站第一个了……

属于我的矮个子的岁月，彻彻底底地结束了。

那时我长高了，也长大了。

可那份自卑深深地埋在我的心底——是我和别人交谈的时候不敢抬眼对视，是走路的时候下意识地盯着鞋子看，是很多很多个我错失了勇敢的机会的瞬间。

是很多很多个夏天，天气晴朗，无风无云，我想起那句“我觉得你很懦弱”时，心里下起的淅淅沥沥的小雨。

可我也总能记起他的那句话，他也是矮个子，他说“浓缩的都是精华”，他脸上带着笑意，笑里带着自信。他的“口出狂言”，惊到了老师和同学，惊到了我，惊掉了那个小女孩手中攥着的玩具熊，带来了让我长大的瞬间。

想起这句话，我一半觉得有趣，一半觉得感动。如今我不是矮个子了，我也知道矮个子仅仅是个子矮而已。虽然它曾经给我带来很多难过和不自信的时刻。

可是当我站在阳光下，我知道了多晒太阳会长高，知道了那个躲在角落的小女孩必须放下玩具熊，站到舞台中央，直面聚光灯——因为长大需要勇气。

不仅是面对自己个子矮的勇气，还有面对很多东西的勇气——面对成绩不如意，面对长相不受别人喜欢，面对失败，面对挫折。

我如果能穿越时空，真想告诉那个小女孩：“你不是被迫上场的替身演员，你是自己人生舞台的主人公，个子矮也没什么，高矮和有没有自信没有一点关系。”

可我不想穿越时空，因为我知道每一个人都要独自经历那段拿着玩具熊恋恋不舍、紧张不安的时期，才能够学会站在聚光灯下，笑着面对一切。

最后，放下手中的玩具熊，破茧成蝶。

二十几岁，谁不吃苦受累

✲婉兮

1

阿如姐，是我身边活得最精彩的人之一。她经营着本地名气最大的婚纱摄影机构，客人来来往往络绎不绝，在附近两个市开了分店。算不上日进斗金，却绝对是创业成功的典范。

一年前，我去她的影楼拍婚纱照，只见她笑意盈盈地坐在前台，长发盘成高高的发髻，露出细长的脖颈，简单的珍珠项链和黑色连衣裙衬得她高雅端庄。

巧的是，十多天后，我又在一个诗歌朗诵会上遇见她。那天，她穿一身淡紫色旗袍，将戴望舒的《雨巷》演绎得淋漓尽致。

我坐在台下看，只觉得这个年过四十的女子，依旧有颗高贵美丽的诗心。难怪她的眼神那么柔和，举止那么端庄。

后来，我们慢慢熟悉了，她会不时推荐几本书给我，或是约我去游泳练瑜伽。我也去过她家几次，见她烤了蛋糕泡了茶，用精美的陶具盛出，摆放到花木葳蕤的小阳台上，实在赏心悦目。

我们谈古说今，她见解不俗、妙语频出，让人听之忘俗。

2

我暗自猜想，她该出身于书香世家，自小被精心教养，始终被命运优待着。

可是，我错了。

原来，优雅从容的阿如姐也有一个灰头土脸、奔波劳碌的二十几岁。

她出生在穷苦山村的一户普通农家，品学兼优，却拿不出高中学费，不得不放弃大学梦，读了一个中专。毕业那年，她好不容易才进了一家幼儿园做老师。

为了还清读书时欠下的3000元贷款，她利用下班时间和周末做婚礼司仪，当时跑一场能挣40块钱。

后来，她遇到真命天子，是个热爱摄影的男人。那是20世纪末，小城市的婚纱摄影之风刚刚刮起。敏感的阿如姐嗅到了商机，便向亲朋好友借了5万元，和丈夫开了一家婚纱摄影店。

谁知创业之初经营不善，他们第一年

就赔了将近10万元，还欠了员工工资，生活一下子跌进深渊。为了早日还清债务，夫妻俩摆地摊，卖冰棍，卖烧烤，什么都干。那段日子，他们总要等到天快黑了才摸去菜市场买一毛钱一斤的剩菜，一周吃一次青椒肉丝就算改善了伙食。

生完孩子，阿如姐到发达城市考察取经，学习别人的影楼经营理念和营销策略。那时，阿如姐已经过完了三十岁生日。她把明媚鲜妍的二十几岁都投入到创业的艰辛中。可现在说起来，她总对当时的自己充满感激。

二十几岁敢想敢做，也足够吃苦耐劳，才有资格迎来三十岁的丰衣足食、四十岁的优雅从容。当下的每一步，都是未来的基石与铺垫。人生没有白走的路，也没有白吃的苦。

3

对出身普通的年轻人来说，二十几岁，真的不是一段光辉岁月。

初出校门，经验不足，工作上跌跌撞撞，生活里懵懵懂懂，情感中患得患失。因为我们初来乍到，对这个光怪陆离的成年人世界心怀敬畏。要一点点学习做事做人，还得处处小心时时谨慎，真的不会太轻松。

没人许诺你似锦前程，父母无法搭桥铺路，亲友也爱莫能助。能拼的，只剩下自己。

首先要面对的，当然就是穷。

我的闺蜜桃子，上班第一年，月薪不足两千元。她不好意思向家里伸手，只得节衣缩食，一双板鞋穿到漏水也不舍得换。下雨天蹚着水去上班，两只脚湿淋淋的，却还装得若无其事，与同事谈笑风生。

你肯定也有过这样窘迫无奈的时候，为房租水电费操心，斤斤计较着盖饭和炸酱面的价格，可当父母打电话来问，又大声笑着说过得很好。

其次要面对的，是工作压力。

毕业那年，我在一家国企实习，大部分工作是整理领导讲话记录。我常常听着录音发蒙，既弄不清他的方言发音，也搞不懂那些专业词汇。为了在规定时限内整理出稿子，几乎牺牲了自己所有的休息时间，做得一把鼻涕一把泪。

4

和我一样的年轻人在城市里一抓一大把。那些出身普通的小会计、设计师、销售员，谁没有过囊中羞涩与辗转难眠？我们这一群人的二十几岁，几乎都泡在工作的紧张忙碌里，为生活、梦想和未来用尽全力。

其实，许多人的长大成人，都是从离校后的二十几岁开始的。

我们独自面对这个世界的风霜刀剑后，理解了父辈的艰辛不易，懂得用成年人的姿态努力奋进、坚持隐忍。

二十几岁，本就是该吃苦的年纪。所谓“年轻就是资本”，并不只是娇艳欲滴的脸庞、青春焕发的躯体，还包括吃苦的能力和敢于重来的勇气。

张爱玲说，出名要趁早。但并非谁都天赋异禀。更多平凡的人生，是一步一个脚印，用今天的辛勤耕耘换取明日的硕果累累。

好在我们所处的，绝不是一个对付出视而不见的时代。它的可爱之处，正在于它承认你的付出和辛苦。

真正的黄金时代，是春风得意马蹄疾，一日看尽长安花，更是千淘万漉虽辛苦，吹尽狂沙始到金。

等彩虹的人

✻潘云贵

去见M的那年冬天，玉龙雪山上已经积雪皑皑。我和他站在天台上，望着远处的峰峦在黄昏中被镀上一层金色的光，底下的江河缓慢流淌，玉带似的绕着丽江这座千年古城。

我问M，这两年在这里过得习惯吗？他点了点头，抽了根烟，烟雾像升腾出的问号，一瞬间被风带走，消失得无影无踪。

“只是和玲常想起你。”他说。

“知道，所以这回来看看你俩。”我怕气氛伤感，便笑着说道。

M把烟重重吸了一口，吐出万千往事，目光对准我说：“是啊，你来了，我跟玲都非常开心。但我们也清楚，你很快又要回去。那个地方真值得你待这么久吗？”

之后，我们两个人陷入长久的沉默中，只觉风吹在皮肤上越来越冷。

硕士毕业后，我到大学教书。M是比我晚一个学期来的，短发、微胖、目光如炬，人分外精神。在此前，他已跟恋人玲在西藏待了一年，从事日报记者的工作。因藏区高寒的气候、入不敷出的经济状况，以及被某同事故意刁难的处境，他便决定跟玲离开那里。经人推荐，M来到了我工作的学校。

本以为在高校里，可以在日常教学外有更多时间阅读、写作，但事与愿违，M既管理部门下属的学生社团，又要频繁撰写各种新闻稿，逢着双休日又得带学生外出采风，一周时间被切割得所剩无几。

“太累了，一点都不比我在拉萨轻松。”周部门例会后，我跟M走在重庆阴沉的天空下，他说了这一句后便狠狠抽着烟。我们看向前方，天色向晚，道路无比漫长。

半年后，M跟玲离开了山城，去了云南，租了当地村民的一间平房，加以改造后用来居家、专职写作，不看旁人脸色，没有高压负荷，生活单纯，日色渐慢。

我是个为自己的理想而活的人，千百个日夜里，我也想像M那样离开现在的境地，但现实却绊住我的脚步。因为我有一个人生梦想：到国外读博深造。一想到它，自己在工作上吃再多的苦便都能忍着。我明白，如果自己一赌气走了，未来是会有一小段内心舒坦的日子，但更多时候要面对一个事实：自己为理想奔走的路途将变得分外崎岖，因为我还没有停下的底气和资本。

我从未将这些当面告诉朋友，想要等到彩虹的人，必须忍受电闪雷鸣下的恐慌、大雨如注中的击打。

离开老家前，我常去父亲的果园，果树都已长得壮实，龙眼、橄榄、蜜柚像天真的婴孩挂满树间。想起那一年村子封山，岩石不许开采，父亲无法再当石匠，便赋闲在家，上山种下株株果树。那年他二十九岁，未曾想生活的果实能够长成如今模样。他经历了这一路的风雨，而每一回大雨后的彩虹也都被他等来了。

我七岁时，父亲带我去山间的果园。遇雨，大雨倾盆，下了许久。我们躲在一个很大的山洞里，在靠近洞口且不被雨淋到的地方，父亲搬来两块石板，把大背包里的一口锅拿出来架上去，再用之前拾的树枝、树叶生火，打火机一碰，“噗”一声，火苗长了出来。

我说爸爸真聪明。父亲一边煮面一边憨憨地笑着，然后问正上二年级的我，能不能背老师教的唐诗。我先背了《咏鹅》，又背了《静夜思》，都是老师日常教授熟烂的篇目。

父亲教我背王维的《山居秋暝》：“空山新雨后，天气晚来秋。明月松间照，清泉石上流……”我摇摇头，说这诗太长了，背不下来。父亲眼珠子一转，说等我背好的时候天空就会出现彩虹了。我那时非常相信父亲说的话，为了能看到彩虹，我开始努力背诵。山洞外的雨也不知何时停了，父亲煮好了面，飘来阵阵香气。

“背好了没？”父亲问。

“还差一些。”我着急回道。

父亲笑出了声：“快过来吧！一边吃面，一边看彩虹！”

暴雨将山川清洗得尤为洁净，一轮虹从一个山头伸向另一座峰峦背后，拱形的桥梁在旖旎的水汽里连接着现在与未来。我看着彩虹一截截渐次明朗，又见它一点点消失，无比激动地叫着：“爸爸，爸爸！”而底下站着的，始终是我微笑的父亲。

那一轮虹，仿佛是一个男人与生活周旋的见证者，它环抱着失落的灵魂，环抱着昼夜之间生长的树木，给予这苦难的世间爱与希望。它也成了男人心中永不消逝的信仰。

这么多年过去了，我依然记得高考前的那段时光，教学楼楼顶的天空总不晴朗，积雨云的面积不断扩大。整座校园仿佛被锁在一个巨大的、漆黑无比的山洞里。

我们整日面对着同样的事物：课本、笔记、练习册、讲台、黑板、各科老师没有太多表情的脸……我们按照既定的路线指令穿越隧道，寻找所谓光明。

窗外，附近的大楼已经高过教学楼。我们处在城市的阴影里，见不到一片完整的、可以用“无边无际”形容的天空，振翅高飞也无法越出。

教学楼前栽着一排樟树，起风时，叶子洋洋洒洒飘落，声响跟千百只鸟起飞时的动静无异，拂动这永不停息的世界。

有一回我和G值日，清扫楼道上的落叶。他停住手里的扫帚问我，声音这么好，为什么不去艺考，那样就不用像现在这么累。我说，那些只是爱好，不想以后靠那个生活。

G很有才华，吉他弹得很棒。他在绘画上也很有天赋，班级办画展时，教室展区就贴满他的素描、水彩和漫画作品。但因为家庭条件，他没有选择艺术专业。

我们一起扫地，满树叶子仍在摇摆，仿佛时刻会落下。G走到楼道一侧，突然兴奋地叫住我：“快看，是彩虹呢！”

我沿着他的手指看去，发现白墙上有一道彩虹的投影，那是从物理老师办公室投射出来的，应该是三棱镜的反光。在青春中最困倦、疲乏的时刻，看见这样缤纷的色彩，我们都宛若孩童露出激动的神情。彩虹活在了我们的瞳孔中，带来历经沧桑后的美好，人生也变得好过很多。

岁月寂寥漫长，险滩重重。有人少年得志，有人大器晚成，但终究都会途经生命的种种状态。愿你追星逐日行路一生，有足够的耐心和毅力等来大雨滂沱后的荒野彩虹，踏遍山河，始终温柔。

站在两个世界的边缘，向死而生

✻程浩

对于网友“你觉得自己牛在哪儿”的提问，我的回答是：“我自1993年出生后便没有下地走过路，医生曾断定我活不过五岁。然而就在几分钟前，我还在淘宝给自己挑选二十岁的生日礼物。”

简单介绍一下我自己吧——1993年生人，白羊座。生在新疆，长在新疆，不出意外还会死在新疆。标准三无人员：无工作、无学历、无对象。宅界巨子，常年三四个月不出一回门。职业病人，经营此道二十载。业余书虫，旁学杂收但都浅尝辄止。特长吹牛，常常一不小心就蹦出几句真理。优点明显：温柔、善良、幽默、开朗、真诚、阳光，集各种正能量于一身的老男孩。缺点突出：把自尊看得比命都重。人送外号：死要面子活受罪斯基。

家庭成员四人：老爸、老妈、老妹、自己。日常生活：读书、码字、鼠绘、发呆、看电影、听音乐、吃药。最喜欢的作家是钱锺书、王小波、史铁生。最喜欢的电影是《阿甘正传》。最喜欢的水果是吸满阳光的芒果。最开心的事是听见有姑娘说：“我们能认识一下不？”嗯，基本情况就是这样。

我的父亲曾经是一名旅游车司机，大江南北四处奔波；母亲身兼数个公司的会计，公司地点相隔数百公里，每月有一半时间要花在路上；而我自出生起就不能走路，原因不明。我常笑说，是我父母一生跑了太多的路，最后使我“无路可走”。

自出生以来，我就被医生断定活不过五岁。每年春暖花开的时节，我都要到医院里住上一两个月，准时得就像一只迁徙的候鸟。住院的名目自然比一般人要丰富，什么肾结石、肾积水、胆囊炎、肺炎、肺部感染、心脏衰竭，它们就像徐志摩诗中描述的一样，轻轻地走，又轻轻地来，挥一挥衣袖，不带走一片云彩，只留下一张张病危通知单。老妈有心，厚厚一沓纸被她用一根十厘米长的钉子钉在墙上，说这很有纪念意义。

六岁以前，我一直在全国各地看病。当同龄人还在上幼儿园时，我已经去过北京、天津、上海等大城市的医院“参观旅游”，当同龄人嘴里嚼着两块五一包的干脆面时，我正体验着价值百万元的医疗仪器在身上四处游走的感觉。

十二岁那年，我第一次胃出血，胃里像是丢进去一块烧红的铁板，火辣辣的。八天八夜水米未进，吃进去的东西还得原样吐出来，深黑透红，别提多鲜艳了。医生和我父母熟识，直言不讳地说：“再这样下

去不病死，也会饿死。”

吃不进食物，生命就只能靠输液维持。手和脚都扎满了针，最后只能剃个光头扎到头上。即便如此，一根健康、充盈、饱满、有弹性的血管，仍然不够用，许多药品只能挂在墙上排队等候。

后来医生拿来一个“三通”，那是一个十字架形状的塑料管，一端接在输液管上，另外三个接口分别连接三瓶不同的液体，这样一枚针头就可以同时吊三瓶药。那时候，我身上到处都是这样的针管。偶然间从昏迷中苏醒，看见头顶挂满了亮闪闪的玻璃瓶，就像天上的孔明灯。

医生叮嘱每隔一小时要换一次药，晚了就要出问题。老妈在巴掌大的小板凳上坐了三天三夜，像我一样不吃不喝、一动不动。

半个月以后，我出院了。一个漂亮的小护士过来给我拔针，她笑盈盈地说：“真没想到你又活过来了！”我说：“阎王嫌我太善良，上帝嫌我太混账，他们都不肯收留我，没办法我只能回到人间。”这次出院以后，老妈更不让我随意出门了，甚至偶尔的家庭聚会也不允许我参加，因为医生怀疑我是吃了外面不干净的食物导致的胃出血。于是原本就有限的生活范围，因为医生的一句话变得更小了，小得就像陷进了这个世界的酒窝里。所以我常常想，也许这就是我爱笑不爱哭的原因吧。

毫无疑问，一个人的生活是寂寞的。记得有人说过：“世界上最难过的事情，莫过于多年以后，我们彼此发现对方都已经改变。”这真是一句漂亮的蠢话，最难过的事情从来都不是“彼此的改变”，而是所有的人都在改变，只有你还一成不变。尤其是当你目送儿时的玩伴踏上求学的列车，或者听到曾经暗恋的姑娘告诉你她即将结婚的消息，又或是看着电视里充满活力的年轻人为了梦想打拼，而你却坐在冷清无人的书房里望着四面灰白的墙壁。这种人生停滞带来的挫败感，常人往往难以想象。虽然我的父母都很善解人意，但有些东西仍然是他们无法真正了解的。

不得不承认，有时候这个世界是不公平的。它鼓励你去思考人生的意义，它要求你拥有一颗坚毅的心灵，可是，对那些勤于思考的人，它并没有恩赐以幸福，而对那些内心坚强的人，它更是毫不吝啬地给予打击。但是反观那些愚笨、怯懦的人，他们或许更容易获得长久的安宁与满足。

曾经在很长一段时间里，我都是抱着这样的心态，过着浑浑噩噩、自暴自弃的生活。我不再读任何一本书，不再主动和别人说话，不再表达自己的喜好。每天沉溺在网络游戏的虚拟世界中，用当时尚可自控的双手，完成一场场毫无意义的血腥杀戮，或者用粗俗的话语谩骂一个素未谋面的网友，仅仅因为对方在游戏中的一个无关紧要的失误。时至今日，我也想不明白，自己当初为何要那样做，但我知道，只有如此，我才能清楚地感受到自己的存在。我必须用别人的伤痛与愤怒，来证明自己仍然活着；我必须用虚拟世界里的荒唐胜绩，来麻痹现实人生中的残酷失败。

那一年，我十五岁。那是我人生中最黑暗的时光。

直到某一天，一个停电的雨夜，我发现自己引以为傲的世界原来如此脆弱不堪，只需要一场稍大的雷雨就可以使它顷刻毁灭。我盯着黑暗的电脑屏幕，听着窗外雨水的落地声，仿佛有无数锋利的石子击打在我的心窝，痛得我流下了眼泪。我不知道自己为什么会哭，但我确实哭了，也许是对未来还抱有一丝希望，当然，更大的可能还是对人生的绝望。

那时候，我并不能真正明白人生到底是怎么一回事。我以为，人生就像一杯水，疾病就像一滴墨，墨让我的水混浊暗淡，让我的人生失去光明。

很久以后我才明白，人生可以是一杯水，也可以是一片海，关键是看一个人的内心。心是大海，便能包容缺憾，净化污秽，永远保持自身的通透明净。

命运如此，休论公道。不幸与幸运一样，都需要有人承担。可惜人生需要经历，需要沉淀，一个十几岁的孩子是不能明白这个道理的。

那个下雨的夜晚，改变了我的一生。它用直面孤独与黑暗的方式，把我拉回现实，让我重新思考关于人生的种种问题，比如，生活、梦想和未来。虽然我不知道自己将会在何时死去，但至少不是现在。在死之前，我还有很长一段路要走。那我该朝何处进发呢?

从那之后，我开始认真地对待生活，每天阅读大量的书籍。正如“狂人”尼采所说：“凡不能毁灭我的，必使我强大。”孤独和痛苦的日子，使我有足够的时间对那些尚未翻阅的书籍保持一种将其“生吞活剥”的好奇心。我用近乎自虐的方式，一天十几小时不间断地阅读。每到夜里，当我闭上滚烫火辣的眼睛时，眼泪就会像一锅沸腾的开水不自觉地溢出眼眶。这种疼痛会让我感到踏实和安稳，让我意识到生命的真实存在。虽然我不知道自己读书是为了什么，但我觉得这就是认真生活的表达方式。

以前我想，如果有一天我拥有了正常人所拥有的一切，包括健康，可能我就不会像今天这般对生活如此认真。生命之残酷，在于其短暂；生命之可贵，亦在于其短暂。假如有一天，我成为不死不灭的存在，我猜自己也会陷入空虚与散漫的漩涡之中，虽生犹死。

如今我二十岁了，对生命和死亡都有了与过去完全不同的思考。我从不感到恐惧，也无须恐惧。命何足惜? 不苦其短，苦其不能辉煌罢了。如果非要说害怕什么，我只是害怕上帝丢给我太多理想，却忘了给我实现理想的时间。

这世界，不是每个人都有机会做自己想做的事情，但是我们应该尽量去做那些正确的事情。纵使不能抵挡黑夜的来临，我们也要站在星空下仰望光明。

不必可怜谁，不必同情谁。所谓生活，不过就是一种“昂着头的艺术”，仅此而已。

最好的你、我和我们

——✽刘　斌

1

2020年伊始，网络上掀起了一股怀旧热潮，大家纷纷在朋友圈晒出了学生时代的同学录、歌词本、练习册等小物件。这时，有人在同学群贴出一张高中毕业照，紧接着，沉寂已久的微信群接二连三地传来短消息的提示音。

记忆有时真像一个挑食的小孩，照片里，有的人出现在正中央，我却无法记起他的名字；有的人，即便没有照片留念，眼前依然能清晰浮现出他的模样。就像心书，她被记忆牢牢地尘封在我的中学时代，以至于我高中毕业很多年后，还是会常常想起她。

高一入学报名时，心书站在我的前方，她活泼爽朗的笑容把我排队等待的烦躁一扫而光。

起初，我们只是矜持地聊聊天气和食堂，没想到聊着聊着竟完全刹不住车，当下就成立了姐妹联盟。

那几年，我们一起去看陈绮贞的演唱会，每天晚自习后都会钻进小吃街，一不小心就忘记了回家的时间，害得双方父母经常打着手电筒满大街地寻人。

可即便是在被班主任双双叫家长的日子里，我们也依然“不畏艰难”地想方设法腻在一处厮混。

那真是一段比花儿还美的青春时光，每一帧画面都可以制作成电影里的经典片段。我们做过最傻的一件事，就是去看2012年那场狮子座流星雨。

晚自习时，我们趁着老师低头改试卷的空隙，猫着腰偷偷溜出了教室。就像谍战片里的女主角，我们掐着点躲过年级主任的巡查，小心翼翼地穿过一条又一条灯火通明的走廊，费了好大力气终于赶在九点前来到天台。

心书把纸巾铺在地上，我们并肩坐着，一阵风极轻极轻地吹过来，又吹过去，依然是极轻极轻的。

饱满的玉兰花香也静止了，月光一点点将彼此之间的缝隙填补完整，辽阔的夜幕里没有一颗星星。

不知道等了多久，流星雨也没有如约而至。

最后，我们竟然困得在天台上互相靠着睡着了。

等再睁开眼睛时，光明已经占领了整个世界，刺耳的上课铃声伴随着尖叫。

2

进入高三后，教室后方的黑板报换成了高考倒计时，校园里到处挂上了励志横幅，课间的音乐广播也换成了英语听力。住校生纷纷办了走读证，由父母在外租房陪读。周围世界好像一下子都陷入了紧张的竞争氛围，我和心书依旧亲密不已，却又无形中有些不一样了。

国庆长假，我们分享着彼此的旅行计划，却在同一个补习班里不期而遇；我参加省作文竞赛获了奖，在全班热烈的掌声里，她的头埋得很低；她数学测验考了第一名，放学后我就去书店抱回来几本数学练习册。面对差强人意的分数和日渐强大的竞争者，每个人表面都说着不在意，却没有谁愿意真正地自甘堕落。

学期末大扫除，等收拾完毕后，教室只剩下我和心书两个人。

门锁落下的一瞬间，我突然想起来我们已经很久没有一起回家了。

彼时散学的人潮已经退去，校园里空荡荡的，落日在远处凝成一个点，像被人丢掉的烟蒂，顺势点燃了周边的云，一时间火光蔓延，整片天空被烧得通红。

我们漫不经心地看着两旁的风景，沉默被川流不息的北风放大得愈发明显。

路程已经走完大半，我决定打破僵局，对心书说："这次月考你考得挺不错的……"

"瞎蒙的，下次考试就露馅了，还是你学得比较扎实。"

"怎么会，数学最后几道大题我都看不懂。"

这一次，我们谁都没有再说话，耳畔又只剩下风声盘旋了。

整个高三，我和心书有过无数次这样的时刻，小心翼翼地试探着对方的真心，像两只渴求温暖的刺猬，不自觉地走向对方，却又不敢离得太近，害怕被扎伤。在这种患得患失的情绪里，靠近或远离一个人都困难重重。

多年后，再想起那个黄昏时，我才发现我们就是在那条再熟悉不过的路上走向了各自的人生。可惜当时我们只以为是再平凡不过的某一天，所以连挥别时的那声"再见"都说得格外决绝。

3

一天，班主任让我们自己准备拍毕业照穿的服装。

一时间，大家纷纷用手机搜索姐妹装、兄弟装，每个人都迫不及待地和他人相约要在拍照当天穿上同样的衣服，像是为了向所有人宣告：“我们是最好的朋友。”

可不知道为什么，我竟然没有勇气去找心书，而是傻傻地坐在位置上，假装不经意地做试卷，就连洗手间也不敢去，手指漫不经心地追逐着桌子上的光线，看着它由三寸一点点缩短成一寸，最后变成一个游离的小光点，消失不见。可直到整座城市的街灯都亮起，我也没有等来心书的消息。

拍毕业照那天，我和同桌穿着蓝色长裙坐在照相机前面。前方，心书和几个小伙伴打打闹闹地走过来，一排鲜黄的短衫亮得刺眼。

我们目光交汇的瞬间，我看到她的眼里闪过一丝失落，但很快就被闪光灯滤干了。

在忐忑不安的情绪里，我们终于迎来了高考。

学校贴光荣榜那天，隔着汹涌人潮，我一眼就找到了心书的名字，黑色小楷，端端正正，而我的名字就在她前面不远的地方，像两个并肩凯旋的勇士。喜悦一下子涌上心头，我想立即奔去告诉心书，未来几个月里，我们又可以像往年暑假一样整天腻在一起，逛街、看电影、大街小巷地挖掘美食，或者来一场说走就走的旅行……可还未等我迎上前去，她已经转身离去。

原本舒适的凉风不知道什么时候竟被拥挤的人潮滤得干干净净，强烈的阳光照在我的脸上，像一记响亮的耳光。

看着她的背影，我突然意识到高考早已鸣金收兵，而我们却被永远地关在这场没有硝烟的战役里。在世俗规则前，往昔日积月攒的情谊终是被年少的我们无心挥霍了。

填报志愿时，我和心书一个去了南方，一个去了北方。生活少了交集后，我们渐渐失去了联系，倒是母亲有时会问起：“听说赵家小姑娘放假也回来了，怎么好久没有见到你们一起玩了？”

偶尔在同学会上遇见，我们似乎都像得了健忘症一样，选择性地遗忘了某段记忆，便又能火速地勾肩搭背，末了总不忘约着下次一起出来逛街。

可待热闹散场后，我们便又各自匆忙地奔向了相反的方向。

4

关掉手机后，我翻箱倒柜地忙了一整天，都没有找到那张高中毕业照。当初那么费尽心思打扮拍摄的照片，早已被遗失在某次搬家中。

年少时，我们总想留下些什么作为凭证，为了久别经年后回忆起来仍能与对方熟悉如昨。长大后才明白，再珍贵的纪念品，也抵不过存在于彼此手机通讯录里那份薄薄的情谊。

幸运的是，我和心书的故事仅是无疾而终，没有哭闹争吵，体体面面，最后还能相安无事地留在彼此的朋友圈。

不幸的是，我们变成了即便同在一个朋友圈，也不会给对方点赞的那种关系，各自忙碌，甚少寒暄，近近又远远。

心书，当时光滤镜也无能为力时，我不会尝试去改写故事的结尾，也不会再自作主张去打破彼此之间早已平静的相处模式。久别经年，唯愿你记得，分开以后，你过得很好，我也是。在一起时，你痛快笑过，我也是。

与“社恐”的漫长战斗，我赢了

✻夏 溦

1

一直替我买饭的同学拜托我给她带俩包子，为了不让她失望，我咬牙答应了下来。于是，在包子铺门口徘徊半小时后，我下定决心，捏紧手心里的零钱走上前，快速对服务员说了句：“买两个包子。”

热腾腾的包子拿在手里，我心想：“好顺利啊。”但走到教室门口，听到里面人声喧嚷，我又一下子瘫倒在墙角，无声地痛哭起来。

自7岁起，我一直抗拒同别人讲话，尽可能回避非必要的社交。读大学后，也总是独来独往，鲜少参加集体活动，连去学校早点铺买早餐，也要拜托同学。

或许在周围的同学眼中，我冷漠懒惰，过着极端封闭的生活。他们不会想到，我是怎样绝望地隐瞒自己严重的社交恐惧症，极力将自己伪装成一个“正常人”。

大一国庆长假，室友们都选择了外出。当时，智能手机未普及，也没有现在大热的各类外卖软件。

为避免出门买饭时和陌生人交流，多数时间我都躺在床上昏睡。

我对挨饿的感受并不陌生。初二时，母亲每天早上给我五块钱，让我自行解决午餐。许多个午后，我用汗湿的手心攥住兜里的钱，饥肠辘辘地在学校附近的小餐馆门口盘桓，始终提不起勇气走进去，最后，我选择戒掉午饭，最终落下伴随至今的严重胃病。

2

伴随我十几年的社交恐惧症，始于1997年的那次搬家。我从小寄宿在姥姥家，7岁时，母亲带我迁往一座陌生的南方小城定居。

来到新学校，第一天上课我就陷入了恐慌，由于听不懂当地的方言，我根本不明白老师说什么。

开学第三天，因为没听懂要求，我做错了习题，被老师留校罚抄一百遍题目。父亲来接我放学，老师直言：“你这个孩子，恐怕智力有问题吧？”

父亲面色窘迫地否认，老师依旧不依不饶，问我学生手册上的满分成绩是不是伪造的，不然怎么一转学就成傻子了。

回家路上，我备感屈辱，坐在父亲自行车后座上直掉眼泪。

同学们知道我听不懂方言，也常来捉弄我。几个女生拿出橡皮绳喊我的名字，我以为是要找我一起跳，热烈地点头，她们却大笑起来，指着我说："摸脏她！"

我以为她们是告诉我身上哪里弄脏了，慌张地低头前后查看，在胳膊和腿上一阵乱拍，女孩们笑得愈发夸张。

后来我才明白这句话的意思是：别理她。

一次班会课，后座同学把口水吐在手心，抹在我的后背上。我举手向班主任报告，班主任问我："你是说，他把头霉呲在你身上？"

在当地的方言中，"头霉"就是"口水"，"呲"是"涂抹"，可当时的我不明白，支支吾吾不知如何作答，站在座位上哭了。

见我哭，老师竟笑出了声，同学们也效仿起来，教室里充斥着快乐的笑声，我惊恐又委屈，哭得上气不接下气。

从那时起，我在学校就鲜少开口，对人的恐惧从熟人蔓延到陌生人和公共空间，因为不敢去公共卫生间，我在外面不敢喝水；暴雨天没带伞也不敢伸手拦车。

后来，为了追求更好的教育环境，母亲带我转了五次学，短短几年间，我遇到了三百多位同学，却没交到一个朋友。

最后一次转学前，班主任让我跟大家告别。我依言而立迟疑许久，小声说了句"再见"。同桌男孩打量怪物般看着我："原来你会说话，我们一直以为你是个哑巴呢。"

3

在家乡迷茫又惶恐地成长到19岁，我要离家上大学了。开学日期临近，我的心情却愈发沉重，我无法想象自己在千里之外如何一个人生存。

在内心演练过无数遍后，一个午后，母亲坐在落地窗边的沙发上叠衣服，我小心翼翼地开口："妈，你能不能带我去看心理医生？"

母亲短暂地停下动作，冷静地问我："你觉得，你有什么问题？"

我竭力让自己保持镇定，说："其实我一直都很害怕跟人接触，大概是，社交恐惧症。"

此前，我偷偷看了心理学方面的资料，"社交恐惧"是恐惧症中的一种，患者明知恐惧反应是过分或不合理的，却依然难以控制，并极力去回避或带着畏惧去忍耐。

母亲沉默着，终于开口："你都这么大了，为什么还不能改好？"她盯着我说："我知道你从小就内向胆小，所以一直想方设法锻炼你，可你总没有长进，家里来了客人，你到现在都不会主动打招呼，我对你很失望。"

她的话唤起我噩梦般的记忆。每次过年吃年夜饭，父母都会以锻炼胆量为名，要求我站起来给长辈敬茶。我不得不起立，罚站一般，身体站得僵直，端着杯子一动不动。终于，按捺不住的父亲开始催促我，我大哭，年夜饭快乐的氛围就这样毁掉了。

母亲丢开手中的衣服，骂道："你之所以改不掉这个性格，就是因为自己不想改，别扯什么心理医生！"

4

我没再向任何人求助过。买包子事件后，我意识到：即便痛苦，但如果逼自己一把，我可以做到一些意料之外的事。

我开始强迫自己去商店买东西，并根据由易到难的原则，制订了一套像游戏升级似的自救计划。

首先是生存必备项目：一个人坐公交。上公交车并不困难，难的是下车。很多时候，司机为了提升效率，在到达规定站点时大声朝车内喊一句："有下的吗？"假如无人回应，就会开车飞驰而过。

中学时代，我坐公交车去学校，可无论如何做不到在车厢大声回应，能否到站下车全凭运气。假如有乘客恰好和我在同一个站点下车，向师傅吆喝一声"有下"，我就捡了个便宜；假如没有人喊，我就不得不眼睁睁看着自己离目的地越来越远。

当时为了能喊出那句"下车"，我采取的策略是：离司机近一点。他问话时我只需以平常音量回答，不必引起更多人注意。成功回答几次后，我渐渐移动到车厢中部，提升难度。

每个周末，我会随机选一辆公交车，以一个陌生站点为目的地，渐渐地，我能自由下公交车了。

接下来，我开始挑战去麦当劳点餐。最初我只敢饥肠辘辘在餐厅门口徘徊，一次因为过度紧张，我甚至反胃呕吐。

两个月后的一天下午，我终于推开那扇几乎要被我的目光盯穿的玻璃门。

"欢迎光临麦当劳，请问您要点什么？"漂亮的红衣女孩看着我，我的心跳猛然加快。抬起颤抖的手指，指向桌面上最显眼的套餐："就这个。"

这样的周末行程持续了大半年，购物和点单依然使我痛苦，但对人的畏惧心理像一块被细流冲洗的寒冰，正在确确实实地消融。

5

大二时，我选修了日语，通过交换留学考试获得了为期一年的留学机会。抵日不久，校方为留学生举办交流会，一个染着灰紫色头发的日本青年在学生中格外显眼。

自我介绍环节，学生们围拢在一起，他刚好站在我斜对面。我因为要准备发言紧张得两腿发软时，他已经开始了："我喜欢读书、画画和看电影，不喜欢的东西，我想想……是人吧。"他微笑着抛出这句话，甚至还重复了一遍："我不喜欢人。"

我目瞪口呆，更令我震惊的是旁人的态度。他们神情平静，像听别人说"我不喜欢胡萝卜"一样。

我既震撼又感动，原来"讨厌人"并不是我一个人的问题，也不是什么说不出口的罪过，我本不必为自己的孤僻感到羞耻。

留日一年，我壮着胆子参加了不少交流活动，在学园祭摆摊做中国特色小吃，穿着浴衣在烟火大会上跳舞，竟然都意外地顺利和愉快，我的心态也从最初的能逃则逃，到平和面对甚至乐在其中。

不久后，我结识了一名相熟校友的友好家庭，认识了一对待我如亲人的日本夫妇，他们带我到处旅行，招待我去家中小住，还亲自下厨为我庆祝了 22 岁生日。

一开始我还有些害羞和不适，慢慢地，也能做到像其他同学一样，称呼他们为“爸爸”“妈妈”了。

归国前，他们驾车送我去机场，我们在一家小小的拉面店吃告别晚餐。店里客人不多，餐桌上方吊着一盏月球造型的圆灯，散发出淡淡的金色光芒。

“你呀，其实并不是平时表现出的那样，对吧？”正低头吃面，对面响起一个轻柔的声音。

“和我们在一起的时候，你总是特别活泼欢快的样子，但你其实是更安静一点的人吧？为了让周围的人满意，才经常勉强自己。”

“我们一直都知道的。”接下来听到的话却出乎我的意料。“你是一个很好的孩子，只要做真正的自己就好。”眼泪掉下来，我急忙用双手捧起面碗，装作喝汤的样子。

这是多年来，第一次遇到看穿我的社交恐惧，却未因此看轻我的人。

6

回国后，我继续和社恐做激烈的交锋。

毕业前，我参加了学校的一场招聘会。炎热的 6 月，我和其他面试的学生来到一间没有空调的教室，等待前来招聘的人员。距约定时间过去了一个多小时，招聘方依然没有出现。大多数学生的白衬衫湿得几乎透明，女生的妆也花了。

终于，招聘方的人来了。他们走进教室。“行了，都出去吧。自觉排队，一个个进。”其中一人开口说。接着又补充道：“哦对了，你们没什么问题吧？”

不知哪根筋不对，我“噌”的一下高举起右手，站起来用一种仿佛不是自己的口吻说：“我有问题。我就想知道，今天的面试时间到底是几点？”

场面陷入尴尬。辅导员出来打圆场：“我们路上堵车，所以来得晚了一点。”

“所谓晚了一点，是指两个小时吗？这么热的天，让我们汗流浃背地傻等，却等不来一句道歉，因为我们是学生所以不值得尊重吗？”

蝉鸣聒噪，教室显得愈发静谧。我在无声的人群里，像个热血主角般慷慨陈词。

至今我仍不明白，一向逆来顺受的自己何以在当时突然爆发，仿佛三年前，为买包子吓得哭了半小时的社恐患者消失无踪。但我清楚地知道，那个社恐患者灰暗的影子一直蛰伏在我身体里，但我不再会为此自卑和痛苦，我选择接受“她”也是“我”的一部分。

去年夏天，母亲从学校退休，跟着“夕阳红姐妹团”去保险公司打卡，勒令我帮她一起完成卖保险的业绩。母命难违，我只好帮着她到处找人推销。

许多次，我放下电话总觉得恍惚。距离我大学毕业已有六年，曾听见电话铃声就害怕得将手机扔出老远的我，现在也成为可以在电话中口若悬河的“正常人”。

我想：如果我能在八十岁成为一个开朗的老太太，对我而言，就已经是终生战斗的胜利。

梦想若无嘲笑声做伴，将失去很多色彩

✲璐羽然

1

还记得小时候老师问大家，以后想做什么。

有的人说想当科学家，有的人说想当音乐家，有的人说想当富豪，老师都会投以赞许的目光。到我的时候，我鼓足勇气说：“我以后想当一个作家，能写出《破碎故事之心》那样的故事。”

老师说：“换个吧，你的作文没及格过哦。”

同学们哈哈大笑，教室充满了欢乐的气息。

初中的时候，我们学校有一份校刊，每个班都会推荐一两篇文章上去，我认真地写了两篇文章，然后在午休的时候鼓足勇气走进办公室。

班主任说：“你成绩很差。”

我说：“我知道，但我觉得我写得挺好。”

班主任看了一遍后一巴掌甩到我头上：“中学生怎么能接吻呢，胡闹。”

那些老师围过来争相传阅我的大作，被逗得哈哈大笑。高中的时候，我想参加新概念作文大赛，我的作品也上过很多次《萌芽》，我觉得我不比任何人差。我吃饭的时候告诉我爸，差点被他摁死在大碗里。

他说：“都快高考了，你作什么死？”

我还是想去，就偷偷地攒钱凑够了车费，坐了一夜的火车到了上海。进入考场的时候又饿又困，我还记得那个命题好像跟朋克相关，写了一会儿我实在太困，熬不住就趴桌子上睡着了。

收卷的时候，监考老师把我叫醒，看到我只写了几行字，他说：“同学，你还真是挺朋克的。”

其他考生笑起来，我揉揉眼睛，也跟着笑。

回去的火车上，我身上一分钱也没了，饥饿感如猛兽来袭，我在火车的转角处看到一碗泡面，被吃到一半扔在那里的，我看了看周围，确定没人在看我后拿起那碗面狼吞虎咽起来。

我理解的梦想，就是那碗被吃到一半的泡面，可能是个笑柄，但我需要它。

2

梦想会开花吗？我并不确定。我只知道，我很喜欢写东西的感觉，我在其他地方并无天赋，但在写作的时候是不一样的，我能收获到不一样的感动，我觉得快乐且满足。

如果只是我的一厢情愿，我也会认。

大学毕业后，我需要工作，需要有能自己支配的钱，所以到了一个公司上着朝九晚五的班，我每天午休的时候都会在办公室敲键盘，老板特别感动，开会的时候还特意表扬我："你们看看人家小刘，午休的时候都在忙工作，你们呢，就知道聚在一起打游戏。"

有个哥们拆穿了我："老板，别被他蒙了，他写小说呢。"

老板检查了我的电脑，发现真是这样，反过来批评我："小刘，这就是你的不对了，他们只是贪玩偷懒，你这明显是身在曹营心在汉嘛。"

同事们笑起来，我连忙讲段子把话岔开。

感谢互联网时代，我可以把文字分享给陌生人看。最开始我在武汉的本地论坛上写了一篇长故事，被顶上了最热门，尝到了被认可的感觉。你们无法想象当时我有多开心，我为了缓解激动之情爬了三十层楼才平息下来。

3

梦想会开花吗？我不知道，但我终于看到了一丝希望。

在黑暗中待久了，看到光就会无比激动，会拿出200%的力气往光明处跑。我记得那几年，我几乎每晚都写东西到凌晨三点。我敢说，在中国的写手圈，我的收获算是业界的前1%了。我认识太多的写手，每天要写几万字，一个月的稿费才一千多块；有的每天守在电脑前给别人投稿，收到的却是白眼和冷漠。

但即使是这样，我的梦想还是伴随着嘲笑，平时出去聚会有人问我是干哪行的，我说："写东西的。"

往往他们会点头："哦，就是自由职业呗。"

潜台词是：一个不务正业的。

在网上也是如此，很多人都莫名地反感我，好像我写的东西是"刚编的故事"，我就是"段子手""哗众取宠的戏精"。我很少辩解，我深知在你真正地做出成绩前，你的梦想本就该和嘲笑做伴。

我的前二十年一向如此，我早习以为常。每次我很累想放弃的时候，我都会想起那碗火车上的泡面，当时我蹲在一旁身心俱疲，但我还是毫不犹豫地吃了。

所以梦想的意义并不是非实现不可，它是你生命里最亮的光，能让你有勇气无畏地走下去。

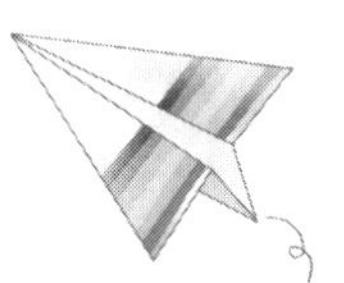

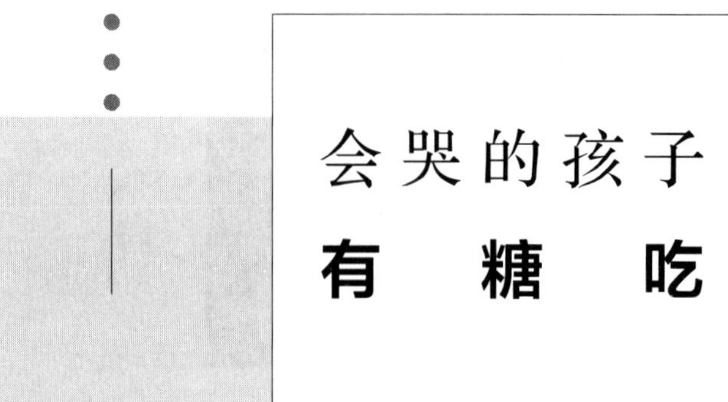

会哭的孩子有糖吃

吴梦莉

1

前段时间，亲戚家的小孩到我所在的城市小住，我负责带他们去超市里买生活用品。

三个孩子年龄相仿，正处在嘴馋脸厚的阶段，一进超市便钻到了零食区，死活不肯挪步。无奈之下，我只得准许他们每人挑三样喜欢的零食。

十分钟后，其中两人各抱着三样零食回来，另一个小孩却只拿了两样。

“你要不要再去挑一样？”在结账前，我特意问了她。

然而，她摇了摇头，声音小得仿佛蚊子叫：“我只要两样就够了。”

时间已晚，我匆匆付过钱后，直接带着他们回了家。

家里，两个小孩一边吃零食，一边玩闹，唯有那个拿了两样零食的小女孩躲在角落里，默默流泪，并在大人发现并询问原因时号啕大哭：“我只拿了两样零食……”

事件以我去便利店给她补买了一份零食而告终。

之后，大人们一直笑话她“装模作样”，以及“死要面子活受罪”。而我沉默地听着这一切，像是在听一份写给幼年的自己的判决书。

我之前在许多文章里提过，我家中兄弟姊妹众多，为了让父母更喜欢自己一点，我一直努力扮演懂事的孩子：考第一名，不要零花钱，主动做家务……桩桩件件，如同一只试图违背天性、学会直立的笨犬，在“懂事”的项圈下踉跄起舞。

2

印象深刻的一次，父母从外面带回来了一个小蛋糕，说帮我庆祝生日。蛋糕不大，乳白色的奶油上卧着一颗草莓，饱满红润，仿佛一个来自遥远云层上的美梦。

那一整个下午，我都趴在桌子边看它，同时在脑海中一遍又一遍想象它的味道。一切都轻飘飘的，风、阳光、蝉鸣和不满十岁的我。

终于等到了吃蛋糕的时候。然而，弟弟忽然闹着要吃那颗草莓，母亲苦劝不住，

只能偷偷看我，说让我做决定。

“那就让给他吧。”我的声音又低又快，仿佛在被坏人追赶，“让给他。”

弟弟吃掉了那颗草莓，而我低着头，用塑料叉子将蛋糕划得七零八落，最后还是没忍住这几近滔天的委屈，当着父母的面，号啕大哭。

“哎呀，你哭什么？不是你自己将草莓让出去的吗？”他们如此质问道。

而我辩无可辩，只能在潮热的盛夏中，泪落如雨。

现在想想，大人们未必没看穿我的小心思，只是比起回应，无视更加节省他们的精力。

至于一个孩子的眼泪，那只是几朵跌在台阶上的细碎落红，可以毫不费力地被扫帚扫去。它挡不住岁月的脚步。

哪怕我从那之后再未吃过草莓蛋糕，仅仅是看一眼都会觉得腻烦。

3

后来，我读《无声告白》，书中的莉迪亚是全家人的宇宙中心，她担负着团结全家的重任，承载着父母的梦想，“压抑着心底不断涌起的苦涩泡沫”，最后，不堪重负的她在一个深夜出逃……

她是一个“好孩子”，是世界上的另一个我。

我终于明白，对一个孩子来说，“懂事”并不是一个褒义词，因为它意味着一种压抑天性的讨好。

可是，懂事并不能换来喜欢，或者说，它并不能换来我想要的那种喜欢——纯粹的、笃定的、无条件的，仅仅因为我是我。

在那个夜晚，我出门给小女孩买第三样零食。

超市早已关门，我辗转了许久，终于在一家 24 小时营业的便利店里找到了她想要的那种印着卡通图案的彩虹糖果。

当我把东西给她时，她显得十分窘迫，头压得低低的，嗫嚅许久说不出话，还将指尖掐得泛白。

“没事。”我安慰她，“我知道你那时想做个好孩子。”

而好孩子，应该得到糖吃。

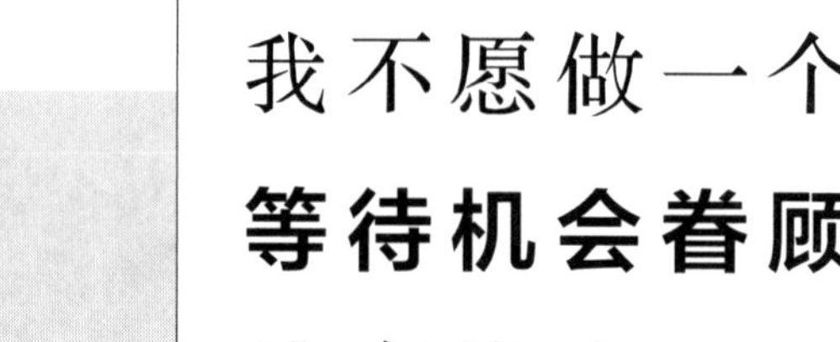

我不愿做一个等待机会眷顾的有缘人

树知许

八岁那年，我觉得我一定是个还没觉醒深厚的魔法功力的有缘人。

妈妈轻轻给床上的我盖上被子，而我看着天花板陷入“成熟”的深思：会不会明天醒来我就变身了？

如果我去羊村，我并不打算做只会吃的懒羊羊，我也不要像灰太狼一样在天上乱飞，我要在美羊羊和喜羊羊里选一个，实在不行我就当一个“喜美羊羊”。

如果我去星星球，我就可以和开心超人并肩作战，让大大怪和小小怪做我们的手下败将。

我实在忍不住自己激动的心情，就把这些对明天的期待告诉老师，可老师只是笑着摸摸我的头：“你有这么多想法，怎么写不来看图写话啊？”这可难倒我这个小皮猴了，拿满分路上九九八十一难中的一难莫过于此！

我挠挠头，看向窗外唱歌的小鸟：“也许我明天就会了呢？”我并没有把这些小难放在心上，反正我总有一天能学会七十二变腾云驾雾的。

十二岁那年，我觉得我一定是个还没被打通任督二脉的有缘人。

放弃刚接触没多久的舞蹈，是因为面临青春期的我没法自然地做一些动作，肢体也不如小朋友们柔软，错过了最好的跳舞时机；不关心学了一段时间的钢琴，是因为我没有演奏曲子的天赋，也没有对音乐的渴望；不在乎下降的分数，是因为我天生没有理科思维，从小也偏爱阅读等文学活动。

我认为，大千世界一定不止眼前的苟且，还有专属于我的诗和远方。

有时候我也会产生犹疑：真的是这样吗？

明明我也参加过舞蹈比赛，钢琴考级也在几年内速战速决，物理成绩也在努力下步步攀升，但是我却武断地认为自己就不是这块料，好像船在海上航行只有一帆

风顺才算成功。

后来我才知道，旁人璀璨的台上三分钟，背后常有灰暗的台下十年功。

命运给予我的礼物自然也有标定的价格，我想不花一分钱去获得珍贵的礼物是不可能的。

十八岁那年，我觉得我一定是被命运宠爱的有缘人。

我在高中交到了理想的朋友，遇见了理想的老师，离理想的大学一步之遥。

然而可能是因为我几乎是一路被推着向前走的，当推动力消失后，我跳过人生的“大起”，直接来到人生的“大落”。高考前多少次的好成绩都没有用，高考失利将我打回原形。一段时间，我被命运开的这个玩笑打击得溃不成军，没心思去关注报考的事宜。因此，我也没能通过报考二次改变命运，夜夜因为无用的后悔而失眠。

直到踏进大学的校门，我终于意识到我不是一个有缘人，也不甘于做一个等待机会眷顾的有缘人。

高中时对于各种比赛，我一直给自己找“不合适”“不擅长”“没时间”等诸多理由。而大学的社团活动数不胜数，我从中挑选一二并不难。当我走出自己去碰触机会的第一步，才发现，我从前自行添加了很多无用的心理负担。

我从前为什么要给自己架设不合适的框架，暗示自己出不去这个迷宫呢？我不比旁人优秀，但也不比旁人差，我完全可以主动去寻找机会，而不是等机会长脚跑向我。

机会不等有缘人，我也不等机会有缘再来与我相见。

机会又没有署名，乾坤未定，谁输谁赢未可知。更何况，赢者得其乐，输者反其思。

以前的我站在原地看向天空的飞鸟，徒增羡慕，现在的我可以迎着扑面而来的风，飞奔向有无限可能的未来。

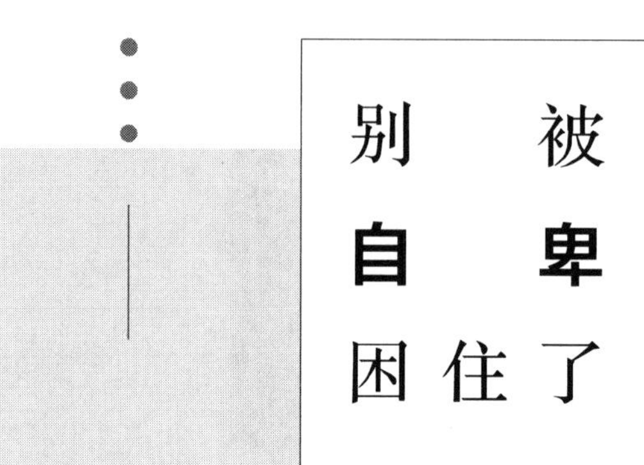

别被自卑困住了

李春秋

1

前几天，我的高中同学在 QQ 空间里发了几张去山姆超市的照片，配的文案是：第一次去山姆超市，好开心啊！

本来是一件很平常的事情，可当我过了几个小时再看到的时候，发现下面的评论充满了戾气。

“不会吧，怎么会有人现在才去山姆超市啊？”

“我平时买东西都在山姆啊，去这种地方有什么好开心的。”

“小城小镇出来的吧，连山姆超市都没去过。”

“发这个出来不觉得丢脸吗？”

诸如此类的充满优越感的发言比比皆是。

我没想到这样一件事都能引发一场论战。怀着疑惑，我专门去网上搜了山姆超市，在我看来没有什么很特别的，就是一家超市而已。

我实在无法理解这种行为。我听说过第一次去奢侈品店会被店员嘲笑，也见过在高级会所坐立不安的人。但我的同学，她只是去了一家她以前没有听说过没有去过的超市，然后随手发了一下自己的经历，她当时应该是怀着喜悦心情的，但是谁又知道她收到的会是无尽的恶意。

我们的确是从小城小镇出来的学生，上学时只知道读书，什么香奈儿、爱马仕闻所未闻。我并不觉得这有什么，因为对于我来说，就算我知道我也买不起，没有任何意义。

但这种事总会成为别人的笑柄。

2

我记得自己以前做过一次暑假工，是在汉堡店给人装汉堡和打扫卫生。一起工作的还有一些比我大不了多少的女生，个个鬈发、长睫毛、做美甲，打扮得很时髦，而当时留着蘑菇头，戴着厚框架眼镜，穿着店里的服务员服装的我在她们之中像一个土包子。

我能感受到她们时不时向我投来嘲笑的目光，我会觉得局促不安，所以我总是

低着头，也不和她们交流。

后来是在一次中午，老板给我们放半天假，我收拾好了东西准备回家复习，但她们却走过来拉着我说带我去喝咖啡。

我不敢挣脱，迷迷糊糊被她们带走了。

我们坐了十几分钟的公交车，来到一个大广场。我对这个地方深有印象，因为里面有条购物街，我妈经常带我来这儿买衣服。但她们却带我走向一个相反的方向，硬拽着我去了一家店。

我还记得当时的感受，很害怕，很惊恐。因为里面坐着的人大部分是上班族或者大学生，每个人都会在桌上放一个手提电脑，然后端着一杯咖啡，戴着一副眼镜，有的还穿着全套西装，像社会精英一样。

这种场合让我不安，也总觉得他们不经意投来的目光都夹杂着一丝嘲笑。于是我只能站在她们的背后，把注意力投注在她们身上，尽力去躲避那些视线。

而她们进来后似乎像变了个人，一个个昂首挺胸，说话轻声细语。她们说着一些我半懂不懂的话，什么“美式”，什么“方糖”，然后一看价格 35 元，天知道我一天才有 50 元工资，这个价格让我担忧害怕。

很快她们点完了单，推搡着我往前，有声音问我：“你好，你想要些什么？”我根本不知道他们这里都有些什么，只能支支吾吾了半天，最后才憋出来一句：“我……我想要一杯红茶。”

不知道是谁突然笑了一下，然后那个人又开口：“抱歉，我们这里只有咖啡。”说实话，这句话他说得很平静，不掺杂任何感情，可能是我当时太过紧张，于是便从中听到了不屑与嘲笑。

我也不知道我是否被当成一个小丑，供人嘲笑。因为太过慌张，我只能匆匆撂下一句“和她们一样的就行”，然后递上 35 元，喝了一杯苦到不行的咖啡。

我记得我当时哭了，也许是太苦了，也许是太热了，但我还是喝完了。

后来出了店，她们围着我七嘴八舌地询问，更准确地说是嘲笑。

“不会吧，你不会还没来过星巴克吧？”

“天哪，你刚刚说要红茶把我弄得尴尬

死了，太丢人了。”

“算了，下次不带你了，你真的好土，连星巴克都不知道。”

……

她们说了很多，但我记得最清楚的是那句：“不会喝咖啡就别喝，你就没有喝咖啡的命，咖啡要一口一口品尝懂不懂？真丢人……”

后来我也喝过咖啡，不过是速溶的那种，我也只会买甜的喝，但当年的那种苦似乎一直留在了我记忆里，一旦想起，那种苦味就翻涌而来。哪怕是到了今天，我也没有再去过星巴克。

3

如今看到我的高中同学像自己当初一样被嘲笑，我感觉更多的是愤懑，因为她只是做了一件平常事而已，却无端招来恶意。

就像当时，我和同事们都是出来工作的，但她们却用优越感和嘲笑压得我抬不起头。除了这些，后来我还遇到过嘲笑我穿盗版的人，他们笑我竟然穿着盗版 Adidas 的 Odidas。

而我根本不知道自己穿的是盗版，这种一百元一双的鞋子，是我的家庭能负担起的费用，我也不因此怨恨我的父母，因为他们已尽自己所能给我最好的了。

但是对当时的我来说，这些嘲笑无疑是令人窒息的。除学习外，我又要去忧愁地认识那些所谓名牌，以便在和别人聊天的时候不会被看不起。

直到后来，我经济独立，却依旧穿着一百元左右的鞋，全身上下没有一件名牌，我不觉得丢人，我只是考虑了自己的能力范围，我仅能承担起这样的开销，这就足够了。

我身边也不乏贷款去买苹果手机、去买名牌包包的人，更有因为提前消费被骗去贷校园贷最后还不起而走投无路的人。

有人被世俗繁华迷了眼，有人在城市喧闹中默默无闻。

我还是喜欢和以前一样留着短发戴着眼镜，我的工作不需要我化妆打扮，于是我省下了买化妆品的钱、买漂亮衣服的钱，再用这些钱去学一些自己感兴趣的东西，比如去学理财，去学瑜伽，去学刺绣。偶尔我也会做做兼职，赚点零食钱。

我还是自卑的，但我已经没有那么在乎了。

4

在那件事之后，我去了一次山姆超市，正好碰到了当事人在那儿买面包。我提起那些嘲讽，她只是粲然一笑，满不在乎地对我说：“无所谓，随他们说呗，反正影响不到我。他们上次还拿我没去过星巴克嘲笑我呢。”

和我想象的不太一样，她身上没有我认为的自卑和不安，她是真的完全不在意，甚至最后还对我说：“比起这里的面包，我还是更爱路边卖的小蛋糕。”

其实大部分人多少经历过差不多的事，有的会因此而走极端去贷款买奢侈品，有的会像我们一样变得无所谓，但是我始终认为，每个人都应该做自己能力范围内的事，不要因一时冲动而让自己陷入困境。

因为有些东西真的没有那么重要，你可以选择 35 元一杯的咖啡，也可以选择 3 元一杯的红茶，喝咖啡不会让你一夜暴富，喝红茶也不会让你变成穷人。更重要的是你生活安稳，不总是焦虑不安。人永远是活给自己看的，自己开心舒适最重要。

所有的内耗，都有解药

遇上烦心事，就盖好被子呼呼大睡

✿村上春树 >>

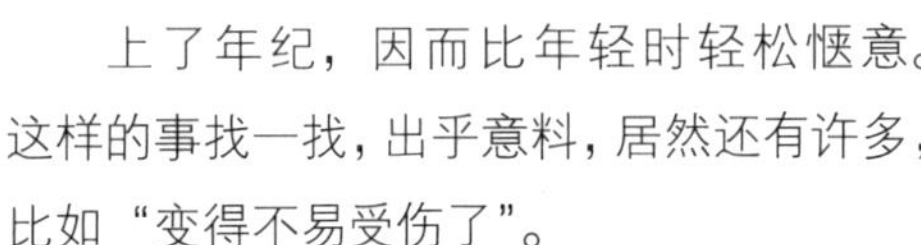

上了年纪，因而比年轻时轻松惬意。这样的事找一找，出乎意料，居然还有许多，比如“变得不易受伤了”。

哪怕被人家说了难听的话，受到难堪的对待，像年轻时那样心被深深刺痛，甚至夜里睡不着觉的情况也变少了。

心想“哎呀，没办法”，大白天便呼呼大睡。呃，大白天便呼呼大睡的，大概也只有我了吧。

我觉得这可能是习以为常的缘故。

人生路上走得久了，被人家说上两句难听的话、受到些难堪的对待，这样的经历越积越多，便成了家常便饭，于是就变得无所谓了。

“每次都为这种事情受伤的话，就活不下去啦！”

学会了躲开那刀尖，不让它刺中要害的诀窍。

这样的话，情绪上当然快活自在了。然而，细想起来，这不正说明我的感觉逐渐变得迟钝吗？

为了不受伤，要么穿上厚厚的铠甲，要么让脸皮越来越厚，这样一来，疼痛当然会减少，可感受力也相应地不再敏锐，无法像年轻时那样，用鲜活清新的眼光观察世界了。

总之，我们得付出这样的代价，才能过上轻松自在的现实生活。这，呃，在某种程度上也是无可奈何的事。

这并不值得夸耀，我常常午睡，每天都在工作室的沙发上睡午觉。工作一段时间后，大脑渐渐变得恍惚起来，于是心想：“这可不行，只好睡喽。”躺下身去，立刻落入梦乡。

不长不短，三十分钟便睁眼醒来。这样一来，大脑特别清醒，情绪积极昂扬，马上便可以继续工作。

假如人世间没了午睡这种东西，我的人生和作品说不定会显得比现在暗淡，更难亲近。要是人家说，那样不是更好吗？呃，我也无法漂亮地反驳。

午睡时，我总是轻声播放音乐，大多是室内音乐或者巴洛克音乐，播放的CD基本固定不变。总而言之，就是我个人有一种叫“午睡音乐”的音乐分类。

演奏家们在尽心尽力地演奏，我却拿来做午睡的背景音乐，心里觉得挺过意不去的。不过，这也是自然而然的结果，只好请多多包涵了。

于是，午后一点左右在沙发上躺下，有一搭没一搭地听着舒伯特的弦乐五重奏，心中感谢人生：“啊，今天也安然无恙，心灵没受伤，好像可以舒舒服服地睡个午觉，太好啦。”

我觉得，好像年轻时越是四处碰壁，被社会打击得遍体鳞伤，等到上了年纪，就越快活自在。

假如遇上烦心事，就盖好被子呼呼大睡。不管怎么说，这都是最好的对策。

不 理 解
就不理解吧

✽七 微 >>

春节时，我妈遭遇了一场小车祸，小腿骨折，打了石膏，医生嘱咐务必静养。这位老太太素来有种奇怪的思维——医生嘛，总喜欢吓唬人。于是，取了石膏之后，她跛着一条还未彻底消肿的腿上山下海忙得不亦乐乎，导致三四个月都没能痊愈。我得知后在电话里臭骂了她一顿，她“好好好”地承诺一定会在家休养，再不忙活了。

过一阵子我再致电询问情况，得，她闲不住的老毛病又犯了，根本忘了自己曾答应过我的事。更令我不可思议的是，她竟然想拖着伤腿出远门，去一个据说很灵的寺庙烧香拜佛。我气得口不择言地冲她凶：“拜有什么用？就你这样糟蹋自己的腿，拜一百次佛也不会好！”最后自然是不欢而散。

我是真理解不了她的行为模式。我曾一遍遍耐心地跟她分析：是忍耐静养一百天就可以痊愈，还是让伤口反复发作留下后遗症变成瘸子，孰轻孰重不是显而易见的事吗？为什么她就是不懂呢？

电话里聊得不愉快时，我生气又十分无力地对她说：“你就跟你妈妈一样！希望我以后不要像你！”

我的外婆，近八十的老太太，患有高血压、风湿病，驼背，身体羸弱，偏又喜欢“自找不痛快”，每次生病住院都是因为过度劳作。有一次在忙农活时因为血压飙升而昏迷，被送进医院，我妈跟舅舅们把她骂了个半死，她唯唯诺诺地说再也不会了。

同样的话她从十年前就开始说，生病时信誓旦旦地保证，但身体一有好转就给忘了。妈妈兄妹四个都曾提出接外婆去同住，但都被外婆拒绝了。

我回老家探望的时候，妈妈让我劝劝外婆，可外婆看着我，笑着说：“我在这里住了一辈子，早就习惯啦。”我还想继续游说外婆，就听她嘀咕了一句：“我要是搬走了，就剩你外公一个人在这里了。”这句话简直要将我的眼泪给逼出来，我满腔的理由瞬间都咽了回去。

那一刹那，我理解了她的固执。

后来我看了许多与老年人相关的书籍与电影，不同的故事内核，却不约而同地提出了一个相同的话题：老年人的自我价值。很多老人明明依靠退休金或者儿女的赡养可以安享晚年，但他们总想找点什么事来做。他们不想成为无用之人，不想成为别人的负担。不管是高级知识分子，还是像我外婆一样没念过什么书，甚至从来都没想到过自我价值这个词的人，都一样。

只是两代人之间各有立场，没有感同身受，很难互相理解。

这种难以理解的关系在现实生活中比比皆是，不光是亲属、朋友、恋人、同事等，几乎每一种关系中都有这样的困扰。

我爱我的妈妈，虽然我很多时候都难以理解她。她也一样。

抑郁的话，养只猫就好了

✿杨熹文 >>

我家猫绝对有社牛潜力。住在这个社区不到两年，几百米外的人家不一定认识我，但他们都知道我的猫。

刚搬家那阵子，我还有点担心，这外面的世界那么陌生，还不到两岁的杨麒麟会不会走丢了？

不久后我收到住在附近的朋友的信息：这是不是你的猫？

只见照片里我的杨麒麟悠闲地躺在人家的脚垫上，尾巴一起一落的，我们还没拆完全部的箱子，它就在几百米外开启了一次短途旅行。

作为这样一只猫的家长，我真的很忙，一会儿忙着沾沾自喜，一会儿又忙着赔礼道歉。

刚搬来那个月，有一天邻居大爷从栅栏那边探出头，说："你家那只黑猫，可不得了，天天躲在我家草丛，吓唬我和我老伴！"

又过了一阵子，住在街尾的小女孩问我："你是小黑猫的主人吗？你真的是吗？它经常来找我和姐姐玩！"

再过两个月，街对面的邻居把猫丢失的项圈送过来，告诉我们杨麒麟是那里的常客，爬树打滚还给他们献上过一只小耗子。

转头又有一户百米外的人家给彼得发短信（猫牌上留的彼得电话）："我已经在院子里布下夹子，请不要让你的猫再来我这了。"

一个社区的邻居说："我也养猫，你家猫是它们最好的玩伴。"

也有人说："你的猫为什么总和我的猫打架？"

这两年，我在它身上陆续闻到过香水、奶粉、熏鱼、炸鸡的味道，也找到过羽毛树叶花骨朵的痕迹，它忙于奔走在各家百姓之间，将烟火气一并收藏，也擅长和飞禽走兽打交道，走到哪都引来犬声一片，我这个懒于社交的人竟然养出这样一只活泼的猫，能吃能喝，爱玩爱闹，心里不是没有骄傲的。

几年前，有朋友对我说："抑郁症还没好吗？要不然养只猫吧。"

抑郁症患者的生活里没有目标，一边默默劝说自己活下去，一边希望明天就是世界末日。

在这个世界，有一个生命，它东张西望，左顾右盼，却总是回到这一个家，在这里，一定有什么人，被它依赖着，期待着，没头没脑地爱着。

对世界的兴趣已经没有了，爱和恨的能力已经失去了，我们极度害怕和任何生命建立联系，连自己都照顾不了，还要去殃及其他？

可我到底还是被彼得说通了，把那只瘦瘦小小的猫带回家。它全身油黑，一脸新鲜，静惯了的房子，突然注入一点可爱的杂音，冷惯了的心，有什么也沸腾了一下。毛茸茸的，热乎乎的，鲜活的一个生命，像数九寒天里喝到的一碗热汤，把五脏六腑温暖了，再给心头生上一把火。

从前每个月总有那样的几天，不想起床，不想拉开窗帘，不想洗脸，不想上班，不想说话，不想活着，情绪来的时候如山倒，压得人生不如死。

而后猫来了，猫想吃饭，猫想喝水，猫出去玩，猫和别的猫打架，猫蹭着我脚边，猫在我旁边睡觉……一声声“喵喵”叫得你魂归了身体，又苏醒过来。

苏醒过来，就是健康的日子，忙着照顾，忙着担心，忙着爱。

养宠物是种怎样的经历呢？

是你看它从不到三斤的幼崽长成七公斤的壮汉，也是你可以漏掉自己的一餐却绝不能忍受它挨饿一点点；是你为它的活泼好动感到高兴，却也在它贪玩后踏进家门那一刻落下一颗悬着的心；是你絮絮叨叨指责它一早上犯了八个错误，却在它脸蛋蹭到你手边的时候将它们一笔勾销。

你的爱有了除了父母和爱人以外的去处，直线抵达，直线回馈。

你的心暖暖和和的，带着窸窸窣窣的快乐和感动。

你曾经惧怕建立的联系，竟然把你和这个世界牢牢地拴在一起。

以前租房的时候，看房东抱着宠物狗，天天亲亲抱抱喊宝贝，觉得腻歪极了，恨不得绕路走。

现在我们何尝不是这样。

有时候觉得，对于猫这种冷血动物，我们无非是自我感动罢了。有时又觉得，在这个世界，有一个生命，它东张西望，左顾右盼，却总是回到这一个家，在这里，一定有什么人，被它依赖着，期待着，没头没脑地爱着。

我们该如何接纳自己？

✽王小吉 >>

许多咨询者都问过我，我们为什么需要接纳自己？如何接纳自己？怎样做才能算得上完全地接纳自己？接纳自己为什么那么重要？

为什么一定要接纳自己？

如果不接纳自己，我们的内心就会经常出现两种声音。一种是认同自己的，一种是不认同自己的。这样，当我们决策时，就会经常发生内心冲突，扰乱自己的思想。而长期受负面的消极思想影响，就会变得自卑，缺少勇气接受机遇和挑战。

那么为什么我们会不接纳自己呢？因为觉得自己不够好。有一种说法是人永远在追求完美，所以总是挑剔自己不够完美。事实上并非总是如此。在某些时间段，我们也并不完美，但我们却可以完全地接纳自己。

比如婴幼儿阶段，人没有思想负担，不会给自己设置障碍和局限，也不会认为自己这也不行那也不行，这也不如别人，那也不如别人。所以婴幼儿可以大胆地去学习，敢于去冒险。小孩子在从爬到跑是摔跤最多的时候，可是你看到哪个小孩因此不学习走路了呢，因此害怕了呢？没有。

而成年人为什么不能呢？因为在成长过程中，有人告诉他们，你不行、你不能、你笨，所以他们接受了这些暗示，限制了自己的思想，给自己在前行路上设置了障碍。

而我们学习接纳自己，就是要让自己像最初来到这个世界的小婴儿一样，勇敢无畏地去面对困难和挑战，相信自己只要坚持在正确的方向上用正确的方法，就一定能实现梦想。这样内心就不会有太多冲突和纠结，在决策时就会变得果断、自信。

有求助者曾经问我：“小吉老师，我看了一篇文章，作者说接纳自己就是接纳自己可以通过努力变成高富帅，而不要接纳自己一直做矮穷矬。您觉得这样的观点正确吗？”

而另一个求助者问了一个类似的问题：“小吉老师，是不是要变得更高级才能接纳，而不能接纳低级的自己呢？”

首先，我认为第一位求助者所说的那篇文章中的接纳，不能称作接纳，而是挑剔。接纳应当是无条件地包容自己的所有，而不是挑剔自己，让自己感觉到自卑。

那么接纳自己是不是意味着我们不去改变不去进步呢？当然不是。进步的前提必然是接纳自己，因为接纳才能更好地发现自己的优势，更好地提升自我。

只有当我们足够爱自己的时候，才有动力成为更好的人，才有热情去争取更好的生活，实现自己的梦想。

有人说："我是不是先要改变对自己对家人的不满意，之后才能谈接纳？"

实际上这个顺序是搞反了。

接纳本身就是一种改变。你不满意家人，也不满意自己，这就是不接纳。

接纳就是接受自己和他人本来的样子。什么是本来的样子，就是不给自己和他人贴标签。

第二个求助者提到高级和低级的问题。在我看来，认为自己现在不够高级，就是给自己贴上了一种自我歧视的标签。而接纳自己不但要接纳自己的未来，更重要的是接纳自己的现在和过去。

接纳就是要无条件地爱自己的全部，包括那些所谓不堪的历史。如果没有那个曾经弱小卑微幼稚的自己一直在努力进步，也就不可能有之后更好更成熟的自己。你不会一出生就成为那个更好的自己，否定过去，就等于切断了自己的一部分，让自己成为一个残缺不全的人。而一个不完整的人，内心是不可能保持平和与安定的。

在我的求助者中，有一位公司的总经理，金钱和地位没有改变他骨子里的自卑，他的岳父随便说一句质疑他的话，他就非常气愤，一直记恨多年。

他问我，他岳父凭什么怀疑他，他难道还不够优秀吗？他一直在努力讨好他老婆的家人，但是无论怎么做，他仍然觉得他们瞧不起他。

其实他忘记了一件事，真正瞧不起他的不是别人，而是他内心深处的自己。

他总是在想着证明自己，想要出人头地，摆脱自己贫穷的出身，最终身心受损，得了癌症。而直到过世前，他都没有放下对家人的怨恨。怨父母，怨妻子，怨自己，也怨妻子的一家人。而这一切的起因就是他能接受的只是那些代表着成功的标签，从来都不能接纳真实的自己，包括出身、性格和其他，也就更谈不上接纳他人和世界。

人生到底要过怎样的生活才算圆满？其实说到底不过就是在内心深处能够完全地认同自己而已。这与金钱和地位无关。就像我前面讲的那个总经理，即使在别人看来，他已经非常成功了，但他内心却依然有一个很大的缺口。

通过自己的努力，得到自己想要的名声、地位，内心就会感到幸福吗？比如，你原来是单眼皮，后来割了一个双眼皮，你的自卑感就永远消失了吗？你所有的烦恼都没有了吗？当然不是。

比如某个出身贫穷的人费了好大力气追到了有钱人家的女孩，可没多久他就出轨了。

说到底，如果一个人没有真正地接纳自己，即使得到了自己想要的一切，依然不会感觉到幸福。

如果你现在还没做到你理想中的更好，不要紧，你还有时间慢慢让自己提升。但你如果一直在抱怨自己为什么不够好时，你就在无形中用负面的能量影响着你自己的提升，削弱着你自己的力量，阻碍自己变得更好。总是心存愧疚和怨念，总是贬低自己埋怨他人，是不会让你变得更好的，那样只会让你变得更加自卑，更加不自信。

如果你真的想变成更好的人，从现在开始，就无条件地接纳你自己吧。接纳那个独一无二的最棒的自己。因为你本来就是独一无二的，从来没有两片完全相同的叶子，也从来没有与你完全相同的另一个人。所以你根本不需要和别人去比较，比较只会让你忘记自己的独特，而接纳才能让你成为更优秀的自己。

懂得放心的人，找到轻松

✽暮雨寒阳 >>

曾经看过一个心理学家的演讲，说的是他在纽约求学时的一段亲身经历。

那一年，这个心理学家到异国他乡留学，过生日当天，他对远在以色列生活的孪生哥哥甚是思念。因为在离开家之前，他每年都是和哥哥一起过生日，两个人在成长的过程中几乎形影不离。这次独自一人在陌生的国度过生日，他感觉无比孤单又落寞，极度渴望听到哥哥的声音，想象着那个来自家乡熟悉又亲切的问候。然而事与愿违，他痴痴地等了一晚上，也没有接到心心念念的电话。在无尽的失望中，他靠在桌子上睡着了。

到了天亮，他想着一定要打电话质问一下哥哥，这可是自己第一次离开家，哥哥居然都忘记打电话祝自己生日快乐，还有比这更过分的事吗？当他拿起电话时，听筒里传出来一阵忙音。研究半天才发现，原来不知道什么时候，他电话听筒上的连接线脱落了。当他插好线之后，电话响起了，是哥哥无比焦急的声音。

哥哥在电话里问道："你昨天晚上在忙什么呢，为什么电话一直打不通？"

他气道："我并没有忙呀，我一直在等你的电话，可恨的是，因为一直没有等到，所以就睡着了。"

哥哥说："可我有打给你呀，但电话根本打不通，我整整担心了一个晚上，还以为你出了什么事。"

他恍然大悟，原来不是哥哥没给自己打电话，而是因为自己的电话线脱落了，所以没有办法接到，反倒是误会了哥哥没有联络自己。

他正想解释一下，却被哥哥问住了："你既然那么想我，为什么非要等呢，你怎么不主动往家里打电话，你只要给家里打电话，就能和我通话了呀。可你为什么没有打呢？"

他忽然不知道如何作答了，也不禁在反问自己究竟是为什么。

在演讲中，他说哥哥和他是同行，都是心理行业的从业者。不过哥哥性格非常乐观，心里想要什么就努力争取，对未来也总抱着非常积极的心态，所以哥哥的心理一直非常健康。而自己活得特别被动，总是喜欢等待别人来发现自己的需求，却不愿意直接表达自己的想法，当别人没有如自己预期注意到自己的需求时，就会感觉到很失落。

对于这个心理学家分享的故事，我相

信很多人都很有共鸣。这些年来，在找我咨询的来访者当中，有不少人都和这个心理学家一样，因为内心对自己和这个世界不够放心，所以把心底深处的自卑、焦虑、不安全感在无意识中投射到了外界的人际关系中，慢慢形成了与人交往时一种让彼此都不舒服的表达模式。

他们经常对没有发生的事做不好的预测，同时又害怕说出自己的真实想法，因为担心被拒绝，被伤害，所以宁可选择不去正面沟通，而误会和隔阂也因此越来越多，最终就形成了越长大越孤单的局面。

我还记得好多年前自己和朋友之间的一段有趣经历。那天我和好友约好下午三点在图书馆门口见面。

因为在忙别的事，我完全忘记了这个约会。

当我突然想起来的时候，离我们约定的时间已经过了一个小时。那时候我们都没有手机，我很犹豫要不要去找她，也不知道，如果现在赶过去，她是否还在。毕竟我在路上还需要半小时。而如果她不在，我岂不是白跑了一趟。可如果我不去，那又会怎么样，如果我说我忘记了，她会怎么想呢，会生气吗?

几分钟之内，我的脑子里快速闪过一堆念头，但最终我还是决定遵从自己的初心，我决定去一趟。因为这是我们约好的，即使迟到了，我也应当守承诺，去确认一下。

当我急匆匆赶到图书馆门口的时候，惊喜地发现她竟然在等我。

我很诧异地问她："为什么这么久了，你还没走? "

她不由笑道："为什么这么久了，你还是来了? "

我们相视而笑。

她说："你是不是忘记了，然后又忽然想起来了? "

我有点尴尬地点了点头，问道："你生气了吗? "

"嗯。"她很确定地点头。

"那你为啥没走? "我有点不解。

"本来差点就走了，结果看到旁边的一个女孩也在等人。我想着既然她还在等，我也就再等会儿吧。结果她的朋友来了，我就更不想走了，因为我知道你也肯定会来。"

她笃信地看着我。

我不禁感慨道："幸好我来了，不然你得多失望。"

"失望什么，又没发生那样的事，你不是来了吗，来了就好啦。快走吧，我们去借书吧。"

谈笑间，她已经快步向大楼走去了。

时隔多年，再度想起，内心温暖之余，我依然感到十分庆幸，幸好那天我遵从内心去赴约了。

其实朋友和亲人之间哪里需要那么多的左思右想，想念就联系啊。这个世界上的亲密关系，根本没有我们想象的那么复杂，不过是头脑中太多无中生有的"可能"让我们遗失了单纯的美好。

看过《小王子》的读者应当都记得那一句：所有大人最初都是孩子，但很少有人记得。

行文至此，忽然想起多年前有一段名为《心动》的小动画，上面有几句特别棒的话：逃避不一定躲得过，面对不一定最难受，孤单不一定不快乐，得到不一定能长久，失去不一定不再有，转身不一定最软弱。请记得，你能找到理由难过，也一定能找到理由快乐，懂得放心的人找到轻松，懂得遗忘的人找到自由，懂得关怀的人找到朋友。

不解释，只解决

✲叶倾城 >>

如果你觉得进步太少，可能是给自己的解释太多。

我姐姐是医生，她说最怕那种给自己下诊断的病人。落座第一句话就是："医生，我怀疑我得了心肌炎。我心慌，之前有感冒史。"

医生的感想：这世上没有感冒史的人，怕是不存在吧？

然后，医生的难题就变成：如果检查结果与他的自我诊断不吻合，如何说服他相信自己真的没病？

我也怕那种给自己下判断的人。洋洋洒洒一大封信，上来就是：我是 INTP 型人格，所以沉默内向，既依赖直觉又十分理性……

我回信：人，是多么复杂与立体的一种存在，你在陌生人面前沉默，不意味着在亲密爱人面前也守口如瓶。你自以为理性，很可能只是没遇到让你失控崩溃的事儿。

还有来信是：到了一所名校，我很开心，却没想到，宿舍生活有如地狱。我每天都渴望她们主动叫我一起去食堂，一起去跑步，但每天，都是卑微的我先开口，然后被冷冷拒绝。后来我不再开口了……她是我的下铺，我掏心掏肺对她，可她慢慢觉得另一个人比我有趣，我不想等着被抛弃，就主动远离……怕被抛弃，就推开别人，我上网查了一下，明白了，原来这种就是边缘型人格障碍。该怎么治呢？

我急如星火地回信：人格障碍必须由精神科医生确诊。但我确定你没患病。色盲者并不知道自己看到的颜色与他人不一样，所以永不会知道自己是色盲；人格障碍者也是一样，不可能有这种自知。

那她的问题是什么？

官方一点儿说，可以称为"适应不良"。

说得平实一点，就是：没适应新环境的住读生活，把同学太当家人，天真地以为大家应该时刻在一起，人家一有自己的安排，就觉得是拒绝。

这些来信者，有一个共同点，就是太爱给自己贴标签。

我想，这一方面是来自"认识自己"的原始诉求。

毕竟，人这一生，很重要的一件事就

解释、抱怨都是用嘴完成的，是时候闭上嘴动动脑子了，然后，用双脚走出困境，用双手解决问题。

是认识自己、整合自己。从落地几个月起，就开始看镜子：这人是我吗？我美吗？聪明吗？会有远大未来吗？

另一个原因，也可能是：贴了标签，就有了解释，许多问题可以自然地不用解决。

报了单词百日训练营，但今天犯懒，不想背单词。你说："唉，我是拖延症。"

拖延症是世纪难题，你心安理得可以懒下去了。

遇到心仪的异性，目光像向日葵追随太阳，一直追随他的身影。终于太阳落山，一切复归黑暗。你说："我想我是无爱症患者。"

这些网上的新名词，这种时候总是大起作用。你不是害羞你只是有病，谁能责备一个病人？

说错了话，该道歉时你说："我是心直口快。"

这是你的自我原谅，但在对方看来只是借口。你用一个美好的标签，解释了自己的不动脑或者不妥当。

寻求解释的原因，也可能是：恕我贴个标签——没勇气面对自己的缺点，不愿意离开舒适区，不愿花费时间和精力去改变。

解决太难也太累，不如解释，又容易又简单。

关于改变，中国有一个众所周知的俗话："锲而不舍，金石可镂。"

改变金石的形状，需要比它更坚硬的锲子，还得坚持不懈。

改变体形，得管住嘴迈开腿，一句"我是易胖体质"，轻而易举解释了。

那些因体形而产生的困扰呢？索性不管了。

要专心工作学习，有时既需要外部纪律，也需要内在自律。

说一声"我是手机癌患者"，一切都解释了，没什么可处理的了。

于是，既羞愧又坦荡。

所以，如果你觉得进步太少，可能是给自己的解释太多。

解释、抱怨都是用嘴完成的，是时候闭上嘴动动脑子了，然后，用双脚走出困境，用双手解决问题。

你没有变强，是因为你一直很舒服

✽王 石 >>

这个世界上有两种人，一种人是强者，一种人是弱者。强者给自己找不适，弱者给自己找舒适。想要变得更强，就必须学会强者的必备技能，那就是让不适变得舒适。

如果你学会了这种技能，你可以搞定很多事情，例如克服拖延，健身，学习新语言，探索未知领域等。但是很多人都倾向于回避这种不舒适，毕竟没有一件事情是简单的，都需要付出很多努力，忍受很多痛苦，甚至是让自己遍体鳞伤。例如，你想要改掉拖延的毛病，就必须在任务出现的时候给自己设定时间期限，然后立即去做，直到任务完成。但是在做的过程中会有各种各样的干扰，你必须与之相斗争，其过程必然是痛苦的，这种不适会持续很久，直到有一天你习以为常了，那么你也就不再拖延了。这个过程，就是让不适变得舒适，变得像睡觉前刷牙一样，成为一种习惯。

我以前一直觉得我们应该让自己舒适一些，但是后来我明白一些不适有时并不是件坏事。事实上，你可以学会享受这种不适。例如，我每天都会做一些力量训练，虽然这点不适不会严重到我讨厌的地步，但是人就是这样的，能逃避的困难，我们总能找到借口。我开始告诉自己，既然锻炼肌肉这点痛苦和不适并不影响什么，我不如坚持下去，看看结果怎么样。于是，我制订了计划表格，让这点不适参与我的生活，形成一种习惯。每当我完成 15 个引体向上，我会在引体向上那一栏写上 15，每个月我都会换新的纸张，并总结上个月的情况。不经意间，几个月时间我已经做了 1000 个引体向上了。

用同样的方法，我们可以训练自己早起的习惯。其实每天闹铃一响就起床和再睡几分钟起床没有什么区别，但是，前者会有点小不适，后者会更舒适一些。我给自己制订了闹铃一响就起床的计划。只要我能在闹铃响后就立刻爬起来，就在纸上写下 +1，如今，已经坚持超过 200 了。

后来，我发现任何只要是有一点不适的事情都是可以训练的。

具体的方法如下：

找到一件你想做的事情，这件事情会让你有点小不适，但是做成了以后你会收获很多。例如，健身。

你可以把这件事情分解成 1000 个独立的事件，要确保每个事件都在你能容忍的不适程度内。你可以先测试一下你最大的容忍程度，然后减去 20%，从这个值开始。例如，我想要做 10000 个引体向上，那么分成 1000 份，就是每次 10 个。

开始去做，并且不要强迫自己，把它当作一种乐趣去挑战。例如，今天我做了 10 个，那么就剩下 999 份了。在以后的日子里，我可以随时随地，想做就做，只要完成这 1000 份事件，我的目标就达成了。

随着你的能力增强，逐渐增加分量，例如一个月后，你可以做到每次15个，3个月后，你可以做到每次25个。所以，10000个看似需要1000天才能完成，事实上，你可能9个月就搞定了。

这个方法的精髓在于把一个很大的痛苦分解成1000份小不适，然后将它融入每天的生活中，培养成习惯，将不适转变成舒适。

我们可以通过上面的这种方法，对自己的能力进行提升，改变一些坏习惯，培养一些好习惯。

1.拖延的习惯。我们为什么要拖延，主要原因在于我们要做的事情令我们感到不适。所以，我们的头脑会产生各种各样的借口和诱惑，来促使我们去做更容易的、更舒服的事情。但是，这对我们应该完成的任务没有任何帮助。有的时候，我们甚至会变得急躁和焦虑。这种拖延的习惯从生理上来讲是我们生物的本能——趋向有利刺激，躲避有害刺激。当我们把一件事情定义为“不舒适”的时候，我们会本能地不想去做它，想方设法拖延到明天。为了将这种习惯性的拖延频率降低甚至是消除，我们将要付出很大的痛苦。但是，如果我们能够把这种痛苦分解成1000份，变成可以忍受的程度，那么事情就变得容易了。我们可以制订一个表格，叫作“战胜拖延”。每次有想要拖延的想法的时候，就立刻去做，完成任务之后就在表格上+1，当完成1000+的时候，拖延的习惯就根除了。

2.健身的习惯。我们不去健身因为我们感到不舒适，但是如果每次有意识地让自己承受一些不适，会逐渐提升自己的忍耐力，一旦养成习惯，我们会依赖于这种不适带给自身的有利刺激，让自己感到更有活力。

3.阅读的习惯。没有阅读习惯的人会把读书看成一件很痛苦的事情。如果你能够建立一个表格，让自己每读完一章节就在上面写上+1。逐渐养成习惯以后，改成阅读一本书写上+1，你会发现一个月你甚至能够读上5本书。然后阅读会变得不再痛苦，而成为一种习以为常的事情。你能够跟别人谈起你阅读的著作以及你的看法，会是一件很有成就感的事情。

4.早起的习惯。要培养早起的习惯首先要为自己设定一个早起的目的。而且这个目的会让你很期待第二天的早晨快点到来。如果你是一个吃货，不妨睡前准备好一顿丰盛的早餐食材，等早上起床给自己做一个很好吃的早餐。我给自己设定的早起目的是玩半个小时游戏（很神奇吧），这对我来说很有吸引力。于是，如果我想要六点半起床，那么我会把闹铃定在6点，然后快速起床，开机时间我会搞定刷牙洗脸，然后热一杯牛奶，一边打游戏，一边听着英语广播。这个好处就在于我不会再花其他时间来玩游戏了，每天我都会有固定的半小时玩游戏，并且我也不会痴迷游戏而耽误了学习。相反，这个习惯让我早起更有动力。通过这个方法，我将不适转换为舒适，让本来很难的事情变得容易而且备受期待。

5.写作的习惯。读书再多如果不写出来，就不能成为自己的东西。如果不能向别人说出来，就不能得到修正与反馈，也无法知道自己的观点处于什么样的水平。写作是一种整理自己想法的很好的行为，将平时阅读中的论点整理出来，加以思考，总结成自己的话语。这样，逻辑能力和思考能力就会逐渐加强。当然，写作是件比较痛苦的事情，你需要整理自己的思绪，并且组织语言将它们表达出来。而且，当你对着电脑的时候，还要排除各种杂事的干扰，这对专注力也是一种锻炼。

焦虑是一种习惯，静气也一样

✿王小吉 >>

对于不可知的未来，你时常会感觉焦虑吗?

焦虑是一种病吗?

曾奇峰老师说过，焦虑是对不确定的事做确定性的预测。

也有个催眠师说，焦虑是通过自己的想象力把原本不希望发生的事尽快地吸引过来。换言之，过度的担忧会成为一种变相的诅咒。

然而当我们感到自身渺小，而这个世界又充满太多变数时，能做到处乱不惊，从容不迫，确也绝非易事。

我有一个来访者小莹，她和我讲过一段关于她男朋友的经历，给了我很大的启发。小莹和她的男朋友在同一家医院工作，小莹是护士，男友是医生。她说，有一年单位发了一份特殊福利，送给每位员工一次给家属做体检的机会。

两人分别带着各自的父亲做了体检，结果双方父亲的心脏都查出有心肌梗死征兆，需要尽快手术。

小莹说自己当时害怕极了，对这个突如其来的坏消息根本无法接受。她坦言，自从得知父亲有严重的心脏病之后，虽然每天仍然在努力工作，但内心却一刻也无法平静。她在工作中经常走神，好几次差点出事。反观，她的男朋友在同样的压力下，依旧能很平静地工作和生活，好像完全不受任何影响，这让她感觉不可思议。

当时，小莹父亲和她男友的父亲都定了时间做搭桥手术，在男友父亲的手术过程中，男友表现得异常冷静，而小莹却紧张到手心冒汗。她说，如果不是认识那么久，她一定会怀疑男友根本不在乎他父亲的身体。

他们都来自单亲家庭，由父亲一手带大，不在乎父亲的生命安危是不可能的。只是同样的心理挑战，两个人的表现却天差地别，她说自己无从想象男友是怎么做到泰山压顶还面不改色的。

我问她："这个问题，你问过他吗?"

她不假思索地答道："必须问呀。"

"那他是怎么回答你的?"我有点好奇。

小莹莞尔一笑："以前我总以为遇事不慌是性格决定的，经他一讲才明白，其实这是后天训练的结果。

我男朋友说过，他从来不认为自己是个聪明人，之所以现在成为外科最年轻的主任医师，关键就是心态好。而这个心态的转变是和他上高中后的一段经历分不开的。

他说他在考入高中前成绩一直是中上，算不上出类拔萃，只因中考前多做了一些试卷，押对了一些题，加上对成绩没有太高期待，所以，他幸运地被全省最好的高中录取了。

然而刚上高一，问题就来了，第一次

月考成绩就在班上垫底。那之后很长一段时间，他的内心都特别焦虑，不知道自己该何去何从。

之后有一天，他觉得再这样下去真的不行了，他强迫自己不再去想成绩的事，只是慢慢地让心安静下来，然后他问了自己几个问题：我是真的不够努力吗？我的能力达到上限了吗？如果我足够努力了，是否就会超越别人，还是我再怎么努力，都不一定超过其他同学？如果那样，我努力的意义何在？

他说，当他把这几个疑问的答案慢慢写出来，就彻底想通了。”

“那他的答案是什么呢？”我忍不住追问。

小莹沉思片刻道：“如果我没记错的话，他是这么说的：1. 我确实努力了，但显然还不够，所以，我还可以更努力一点。2. 除非我完全停下来，否则暂时还看不到能力的上限在哪里。3. 即便我足够努力了，依然不确定能否超越别人。毕竟别人也同样在努力，所以和别人比较没有意义。

“我的努力与别人无关，也与名次无关，我努力的原因只是不想虚度光阴，何况只有努力才会让我感觉到踏实，而不是茫然。”

我点点头，继续问道：“他有没有说过，高中这段经历对他之后的工作和生活有什么影响呢？”

小莹不紧不慢地说道：“影响可大了，我要说的重点就是这个了。”

我盯着小莹，生怕漏掉了一句。

“我男朋友说，高中的这段经历，让他想通了一个道理：尽力把自己该做的部分做好，名次自然就不会太差。但对此过度担忧，只会起反作用。”

“那他是怎么做到在他父亲手术当中如此淡定的？”

小莹想了一下说：“是长期训练的结果吧。最初，他从门诊转到急诊室之后，曾经遇到过连续三个月里都有病人没有抢救过来的事。当时，他受打击特别大。他非常自责，痛苦到寝食难安，对自己产生了很深的质疑，甚至想到要放弃这个职业。有点意外吧？”

我点点头。

小莹继续说道：“后来，他在一个心理医生的帮助下反复回忆了急救的过程，同时也追问了其他同事，自己所做的每一个步骤，是否规范，是否有失误。答案每次都是一样的，诊断和手术过程中并没有出现失误。

尽管没有失误，还是没有抢救过来，痛心疾首是肯定的。只是一直陷在消极的情绪中也于事无补。他说，有一天他又忽然想起高中生活带给他的启发，那就是尽最大的努力，也接受最坏的结果，同时不要停下前行的脚步。”

“所以，在他父亲手术时，他也采取了这样的态度？”我问道。

小莹点点头：“我还记得在我父亲手术前，他和我说，你必须充分相信医生，也相信你父亲。不能一边说相信一边又担忧，你只能允许一种信念存在。希望一种可能出现，就只想着那一种结果才可以。记住，焦虑会传染，而信心也一样。我说，如果我还是会紧张怎么办，他告诉我，那就把你的担心变成祝福吧。祝福也是一种能量，而且是正能量哦。”

小莹男友的故事讲完了。

我问小莹：“你还有什么感触？”

她想了一下说，两个父亲的手术之所以非常成功，是与她和男友正向的信念分不开的。如果一个人正处于焦虑情绪当中，不妨把问题写下来，同时慢慢梳理一下，答案自然就找到了。另外，焦虑是一种习惯，静气也一样，都可以通过训练完成。她相信自己和男友能做到的，其他人也一定可以。

如何活出不焦虑的人生？

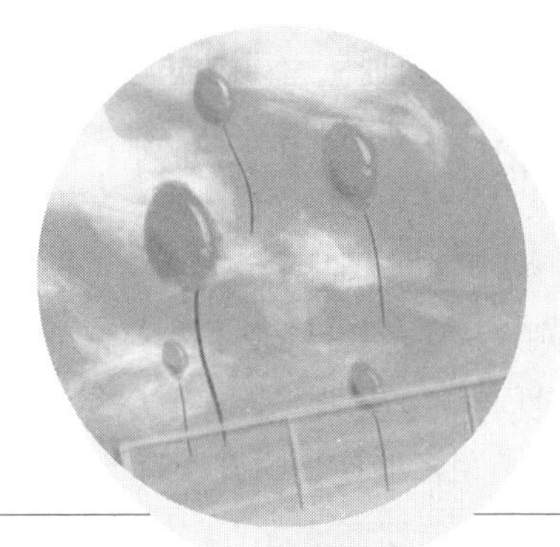

✲ 文长长 >>

微博上看到一个新闻：一个在深圳拥有 40 套房的女房东自述，生活好空虚好无聊。每个月从月初收租到月尾，但钱到了一定基数就只是个数字，没什么感觉了，找不到奋斗的方向，心好累，连时间都变得压抑。

在这条微博下面，评论分三派：

一派是很焦虑，都是第一次当人，凭什么别人的人生那么好，都拥有 40 套房子了，我们到如今还在租房住；

一派是羡慕，说着您要是觉得房子太多，这样的生活太无聊，我们可以玩一下角色互换游戏；

还有一派是纯粹的吃瓜群众，吐槽着贫富不均的同时，表示不理解有钱人的生活，说着我要是像你那样，有那么多房子，肯定不焦虑。

而我不是以上任何一派的，在看到这条微博时，我唯一的想法是：原来大家都一样，在焦虑面前，人人平等。

没有不焦虑的人生，可能我们焦虑的诱因不同，我们焦虑的程度不一样，我们焦虑的表现形式不那么相似，甚至我们焦虑的结果不甚相同，但焦虑的情绪肯定都是一样的。

我有一个读者，现在在全国前五的学校读研，如今研二，在一家很知名的互联网公司实习。

平时也一直很注意经验的积攒，私底下，我跟她聊得挺多，在大多数同龄人眼中，她已经算是很优秀了。

但她依旧活得很焦虑，每天活得特别有危机感，担心自己学不到真正有用的东西，害怕自己停步不前没有进步。

像大多数同龄人一样，对未来的不确定和未知，迷茫且徘徊。

我认识的几个很优秀的学长，在各自的领域里很拔尖了，专业能力很强，对未来有自己的规划和预期，也有自己的理想信念。

在我眼中，他们就是很笃定的那类人，

这世上没有完全不焦虑的人生，只有完全不思上进的人生。

是从不会为未来和生活过多担忧的，因为一切都在他们的掌控之中。

后来我们慢慢变熟了，有次一起在外面吃饭，聊天的时候，他们也毫不遮掩地表达了对未来的迷茫，对生活里某些事的无奈。

会有焦虑，也会有羡慕别人的时候，也会有担心自己搞不定的时候，看似宠辱不惊的外表下，也藏着一颗焦虑的内心。

年纪轻一点的时候，看着自己一地鸡毛的生活，边抹着眼泪边想怎么就自己的人生这么糟糕。

会在心里暗自揣度，羡慕着那些成功优秀的人，觉得他们肯定是体会不到我们这种三流小人物的人生。

等后来，拼着命将一只脚跨进还算优秀人物的行列，认识很多厉害的人，才发现，那些以为我们才有的焦虑、迷茫，优秀的人也会经历。

生活让人很难过，因为它较真地分着好坏等级。

但生活很公平的地方是，不会因为你太好或太差劲而偏袒谁。

该经历的焦虑谁都跑不掉。

少在那里自悯或怨天尤人，你又不是最惨的一个。

再优秀的人生也是有焦虑的，只是相比大多普通人，厉害的人更懂得化焦虑为动力。

说句很丧的话，哪怕活成你想要的样子，你依旧会焦虑的。

前几天朋友跟我讲了她公司总监的故事。总监一直想辞职，觉得自己过得很压抑，很不快乐。

当然她也为这个决定反复斟酌了很久，大概花了两年时间来下这个决心。

前段时间，总监辞职了，过上了自己两年前就想过的生活，但依旧很焦虑。

她跟朋友讲，离职后，她每天也过得很焦虑，就像初入职场的不适应。

不用再工作后，她很压抑，总感觉自己每天过得很虚无，不充实。

生活是很轻松，但她也觉得自己失去了价值，人生很没意义。

我另外一个朋友一直想当自由职业者，她说了很多再上一天班绝对会抑郁这类话，但一直没勇气迈出那一步。

花了很长时间，她好不容易辞职了，每天写写稿子到处旅游逛逛，也应该是很惬意美好自由的生活了。

不过，因为没有稳定的经济来源，自己挣一分是一分，经济压力全压在自己头上了，反倒活得更焦虑了。

你以为你焦虑迷茫，是因为没活成想要的样子，但等你活成你想要的样子，你依旧会焦虑。

焦虑不是一种状态，没有一个完全的区域界限说，什么样的生活必定焦虑，什么样的生活一定不会焦虑。

乐观地努力着，还是悲观地焦虑着，看似两种人生模式，但其实也只是两种选择，选择权在你自己手上。

很多时候，焦虑不是因为我们不够优秀，而是我们想要更优秀。

焦虑不是毛病，也不是性格缺陷，更不是多么大的缺点，只是一种想要变更好的情绪。

我们要避免陷入“焦虑—怀疑自己—再焦虑—再怀疑自己—更加焦虑—更加怀疑自己”的怪圈，你可以努力，但千万不要着急。

其次，我们要认清，这世上没有完全不焦虑的人生，只有完全不思上进的人生。

不管你是拥有多么光鲜亮丽的人生，还是多么糟糕的人生，都有各自的焦虑，这是很正常的现状，不要因为焦虑过多地自我责备。

不要焦虑地上进着，而要有目的有计划地上进。

还有很重要的一点，在焦虑面前，心态好者胜。

朋友跟我讲过她朋友的故事，毕业两年不到已经成为公司合伙人，她这么厉害除了因为有实力，还因为有好的心态。

她本科毕业后去了北京，当时心里想的就一句话：先努力做着，实在混不下去再回家呗。

她有着当代年轻人少有的平和心态，她就抱着试试看的心态，实打实地努力着，最后的结果还不错。

最后，还有特别重要的一点，或许我们都不用那么急，尝试接受自己平凡的人设试试。

《请回答 1988》里的德善，是家里的老二，不像姐姐那么有地位，也不像弟弟那么受宠；家里煤气中毒爸爸妈妈都记得老大老三，她却被遗忘；好不容易选上在奥运会举牌子，那个国家最后却取消了参赛。

按理说，她应该比任何人更焦虑，爸妈不疼，学习成绩糟糕，所有糟糕丢人的事都让她遇到了。

但那又怎么样，哪怕她就是普通得不能再普通的家里老二，但她演了全剧的女主角啊。

就这般普通又怎样，人生就这样了又怎么样，你就想着，反正大不了就当个普通人啊。

那我就接受自己平凡人的人设，然后继续心态平和地往前走，说不定，最后我就是那个被偏爱的“普通人”。

可能我仍平凡，但我已不再是那条咸鱼，这就是我们努力且不必焦虑的原因。

身在热闹，心向简单

马 德

我身边的朋友，二十年前是两三人，二十年后，还是这两三人，没变过。

把我们牵在一起的，不过这么几个字：没有坏心眼，活得简单。偶尔也一起吃饭，一块喝酒，但没有成为酒肉朋友。无钱无权无势的人，还能长久走在一起的，只会是君子之交。

有些人要一辈子好下去，有些人一分钟都不必见。

人有点偏心眼很正常。父母对膝下的儿女，尚且不能投入相等的情感，遑论一般人之间。

所以，绝对的平等是没有的。只要你在不平等那里，能看到对方还有一颗试图平衡的心，就已经是公允和宽厚了。

不要在偶尔的几次厚此薄彼那里，去试探人性的寒凉。要想留住一个朋友，就得拿出足够的耐心和真诚。在考验对方的同时，也要拷问自己，相互顺应是一种完善，彼此苛求会两败俱伤。

对于一个只进不出的人，迁就是多余的；对于一个唯我独尊的人，宽容是无意义的。对这样的人迁就宽容，到最后，你不会赢得朋友，只会多一个仇人。

在有些地方，一个人太优秀了，不是被祝福，而是被打压，不是被敬仰，而是被嫉妒。这种扭曲的现象，一直存在着。古来就有“木秀于林，风必摧之”的说法，也有“高处不胜寒”的感慨。

见不得别人好，其实是内心狭隘的表现。可怕的是，狭隘的人极易沆瀣一气，勾结起来，对付走在前面的人。这样，又从狭隘走向了险恶。可笑的是，他们这样做的目的，不是超越别人，自己站在高处，而只是把对方拉下马来，让彼此回到从前。

这样的险恶，又显得十分愚蠢。

嫉妒心太盛的人，生活质量都不会太高。一颗心，当被恶意充盈的时候，就会烧蚀自我的公平感和愉悦感，也就是说，一个倾斜的人，是难以快乐的。

这个世界，什么时候都会有说三道四的人。这跟你的对与错没有关系，跟是与非也没有关系，它只跟人性的刻薄和尖酸有关系。不同的是，在你做错的时候，他们的位置更居高临下，态度更盛气凌人，更喜欢道德劫持和绑架。

“大行不顾细谨，大礼不辞小让”，做大事的人，就不必跟这些闲言碎语去较劲了。他说他的，你做你的。唯扔下得多，才羁绊得少，唯心无旁骛，才能轻松上路。

他们是世俗世界的一帮闲人，而你忙得很。为他们而逗留，已是一个错误，若再因他们而生气，说明这帮闲人，已成功地把你变成了一个俗人。

放弃那些
放弃你的人

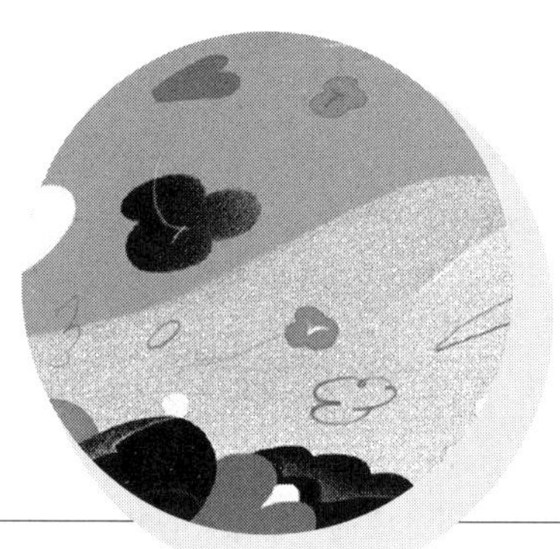

✲ Sherrie Campbell >>

我们常常渴望获得他人的赞同与认可，这件事很有趣。不断纠缠拒绝我们的人是种不健康的模式，因为我们将自己的吸引力直接与他们的认可挂钩，所以我们一直试图成为更好的自己，或为他们做得更多来获得赞同，这同样也会改善自我感觉，就好像是他们的认可让我们变得足够好。

走出这种模式的最佳方式就是审视为什么我们坚定地认为自己需要他们的认可。

难道他们决定了我们的价值？难道只有一直被告知自己不够完美才能提升自己？如果这样，那就是择友失误。

关于人际的五大事实

1. 总会有人不喜欢我们。

在生活中我们得相信这样一个事实：我们所遇到的人中，有一部分是不会喜欢我们的。对于这个事实，不要反抗，接受即可。虽然不是每个人都会喜欢我们，但从宏观上看，这没什么大不了。记住，有人不喜欢我们这件事更多与他们本人有关。

转换生活的重心，别妄图改变他们的想法。对他们来说，我们有多好，为他们付出多少并不重要。他们会心安理得地接受我们的付出，可是是否喜欢我们这件事不会改变。

2. 别人不能决定我们的价值。

自身价值由自己定义。我们必须在自己身上大力投资，因为自己若不投资自己，别人更不会。追求那些不停地拒绝并伤害我们的人就是违背自己的本性。

个人投资就是为了能够达到必要的高度而远离对我们有害的人。如果有人想要击垮我们，这只意味着他们已经不如我们。

3. 情绪能量的浪费。

如果我们持续去获取期望的认可，却一次次遭到拒绝，那就需要意识到这是在我们要在内心与自己和解，不让他人压制限制自己。

浪费情绪能量。

有时候，我们得接受事实，不管我们想努力打动谁，事情不会按我们的预期发展，他们也会继续与我们保持距离，所以，随他们去吧。我们要有尊严地继续生活，把精力投入积极且互惠的关系中。

4. 放手才更强大。

不论放手什么，这就是规则。为不可能的事情而奋斗会使我们看上去很愚蠢。不要把宽容和愚蠢混淆。我们能做的最强大的事就是克服这种状况，将自我价值从他人的肯定中解放。

我们必须有勇气，相信自我能决定自己的价值。若境况不利，或希冀人事相助时能选择放手，那世上没有什么比这纯粹的坦然更为强大了。

当我们放弃这些人时，就跳出了他们病态的思维，不再充当观众，从他们的消极影响中解脱，充分尊重自我，停止付出，转向那些同样喜欢我们的人。他们就在那里，或许已经出现在我们的生命中，只是我们太过专注于追求那些难以取悦的人，以至于错失眼前人。

5. 人皆凡人，不要在意。

除非我们给予他权利，否则大家都是平凡人。我们可以把拒绝我们的这些人当作鼓励与动力，加倍地去实现自己的目标；将伤痛与怒气作为个人追求幸福与成功的燃料。

我们要在内心与自己和解，不让他人压制限制自己。我们就是我们，世界上还有很多人因为我们的本来面目而关注并喜爱我们。

那些不认同我们的人赠予我们最棒的礼物，就是让我们更清楚地了解自己是什么样的人，以及我们的做人标准。如果为了获取认同而开始改变自我，最终必会迷失自我。

我们要当一棵 再生的树

✲苏二喵 >>

前些天刷朋友圈，发现很久不联系的一个朋友求婚了，被求婚的女孩子没有他之前交往过的女朋友漂亮，也不似之前的女朋友那样又高又瘦，很会穿衣打扮。

突然想起很多年前他不经意间跟我说："如果你再瘦一点……"

大概意思就是，当年的我如果再瘦点，也许我们之间还能发展一下朋友之外的关系。

几年后，偶尔联系，大概是生活的打击，他早已没有当年的年少气盛，也认识到自己当初的想法多幼稚，只是迟来的被全部肯定的我的好，毫无意义。

当年大家都以为我喜欢他，我澄清过，但校园绯闻嘛，总是澄清不了的。我也没有说过这件事，说者无心，没必要让他原本就一般的人缘雪上加霜。

他发结婚照的那天，我在和老友聚会，他们看见消息又开始调侃当年我和他之间的关系，于是我第一次说了这个故事，所有人看了看照片，又抬头看了看我……

至此，那段困扰我整个大学时期的绯闻彻底澄清了。

忽然就想起那个辩题，生活的暴击值不值得感激呢？

我依旧赞同那个观点：不值得。

没有经历暴击的我能比现在更好。

曾经的一场暴击，让我重建几年的自信一夜崩塌。

大学时期的我，最重的时候有117斤，在我们那个专业需要上镜，而在镜头里，人会很显壮，但是我又一直瘦不下来，所以我一直很不自信。

直到工作了，生活走上正轨，我才慢慢好了起来，从内敛回到曾经的活泼。

而上个冬天，我忽然莫名陷入一种颓丧状态，很少说话，没事就坐着放空，晚上整夜失眠，白天做什么都提不起兴致。

过年时，我吹完生日蜡烛，整个人有点绷不住了，抬头跟我爸说："你带我回家吧。"

第二天，我爸就开车带我回去了。从此，父母每天带我出去逛逛，所有亲戚都对我格外细心体贴，我每天都在被不停投喂，但体重依旧掉到了90斤。为了让他们少担心，我每天强撑出一副我很好的样子。

回长沙的前一晚，我妈拿着枕头悄悄打开我的房门，说很久没跟女儿一起睡了。

黑暗中，妈妈问我："回去了，你一个人行不行啊？""你从小没让我操过心，艺考时，别人家长陪考。你呢，大冬天的拖着这世界上就是有很多贪婪的人，我们也没有办法，有时候我们只能当一棵被比较后砍掉的树，但是呢，我们要当一棵被砍掉还能再生的树。

行李箱就去了自己也不熟悉的城市，报名考试都是自己弄，就连去广州考试都是一个人。那个时候你也才十六七岁，以前欣慰我家姑娘懂事又独立，现在妈妈后悔了，小女孩儿霸道任性点又有什么关系呢。”

于是我狼狈逃回长沙，匆忙中还带着一堆难喝的中药。

以前长沙都不下雪，结果那个冬天我看了五场雪。

那段时间，家里来了很多朋友，陪我解闷，给我做饭吃，监督我睡觉。

我不敢跟家人联系，电话是静音，看见屏幕亮起的电话或者语音视频的提示，都会觉得窒息。

我知道自己的情况不太妙，于是找了专业人士帮忙。

在过去，我总因为太在乎别人的感受而忽略自己，心思敏感，过得战战兢兢。

而当下的状态，我必须先专注自己的感受，去做自己想的事情，暂时不要管他人。

简而言之：先爱己，再爱人。

于是这大半年来，我一直在找寻一种新的生活状态，学习如何拥有钝感和松弛感，去做各种能让我积极起来的事情。

朋友找我去帮他上课的时候，我是不敢的，我离开这个专业有段时间了，而且从没教过小朋友，他却一遍遍跟我说我可以，完全没问题。

一个没有深交过的人，靠着在多年之前的相处中，积攒的对我的信任与肯定，就像是一双拉我上岸的手。

后来，生活恢复如常，我又恢复元气满满的样子。

闲暇时学个鼓，折腾一下各种手工艺，随着自己的心给亲密的人写信，礼貌地拒绝一些人。

很难不承认浓墨重彩的那一笔，即使刻意遗忘，也会从记忆里突然蹦出来，朝心上敲一敲，白天还能假装毫无波澜，谈笑风生，但在关灯后的黑暗里，心底蝴蝶振翅的声音，震耳欲聋。

没忘就没忘吧，又不丢人，不跟自己较劲儿，也是一种松弛。

频繁更新记录着一些生活点滴，这些碎片都是之前散落一地的我。

当然偶尔还是会失眠，但一切都在往好的方向发展。

每天练完鼓回家，经过橘子洲大桥看见的夕阳很漂亮，而看着夕阳的我也很漂亮，不是吗？

你真的可以晚一点再懂事

✽焦志杰 >>

14 岁，我去县里的寄宿学校读高中，那一年，弟弟也转学到我所在学校的附属中学读书，他比我小两岁。

爸爸挑了离学校最近的地方，给我们租了一间房，环境安静，适合读书做功课，可因为条件实在有限，房子只有 5 平方米大。这样一来，里面就只能放一张双人床，和一张不大的书桌。

妈妈忙前忙后为我们置办生活用品和厨房灶具，那时候学校还没有开设食堂，在附近租住的学生都是自己烧饭。等一切齐全之后，不大的屋子显得更拥挤了，各种零碎的大小包裹和锅碗瓢盆塞满了整个床底。

走之前，爸爸把我叫出去，语重心长地说："以后就要多辛苦了，弟弟还小，你要多照顾他，我和你妈可能不会经常来看你们，有需要就随时打电话。"

我信誓旦旦地拍着胸脯说："保证完成任务，弟弟瘦一斤都算我的失职。"

刚开始的时候，学习还不算太紧张，每天中午晚上放学我都按时回家，给我们两个烧饭。这之前我从未进过厨房，说是烧饭，其实就是煮面，即便是煮面，我也煮得不好，不是半生不熟，就是量少不够。这个时候，潜意识告诉我，你是哥哥，要先让弟弟吃，他吃饱了你才可以吃。

后来好一点，妈妈教会我炒一些简单的家常菜，不需要太复杂，基本是进了锅炒几遍就可以，也不会浪费太多时间。不管是最开始煮面，还是后来变着法炒菜，永远不变的一点是，要先让弟弟吃，他吃完我再吃，我吃不饱没关系，他一定要吃饱。因为我曾答应过爸妈，要好好照顾他。

除了照顾弟弟的生活，我还要负责辅导他的学习。那时候他刚转学过来，一时之间无法适应快节奏高强度的节拍，经常被老师留堂到很晚，成绩也是稳定在中下游。每天晚上，我都要检查他的作业，帮他复习当天的功课，画出第二天老师上课讲的要点内容让他预习，只有忙完这些，看着他睡着以后我才能静下心做自己的事情。

冬天的时候白昼很短，黑夜很长，弟弟的学校又离得很远，每天早上我都要提前半小时起床，载着他穿过那些没有路灯的街道，然后再折返回来去自己的学校。

那三年，我每天睡很少的觉，不断奔

越是想极力给自己穿上坚硬的盔甲，越证明我们真的需要被保护。

波在我们两个学校之间的路上，除了要照顾好我自己，还要照顾好他。可事实上，他得到了很好的照顾，身体变得越发结实，长得越来越高，学习也变得好起来，所有的这些真的让我感动，我觉得我可以再次拍着胸脯骄傲地对爸妈说："你看，你们交给我的任务，我完成得很好。"

只是从来没有人注意到我，我是不是每天都可以吃饱饭，睡好觉。没有人注意到那三年，我瘦了 20 多斤，严重的睡眠不足导致身体功能紊乱，还有某段时间突然冒出来的白头发。我不是在埋怨爸妈，觉得他们不应该把弟弟交给我照顾，相反，就算他们不要求，我也依然可以把他照顾得很好，因为我是哥哥。

然而那三年，我却不只是哥哥。在我身上，有一半爸爸的影子，还有一半妈妈的样子。

朋友上大学的那一年，父亲突然病重住院，妈妈要照顾又无法离身，她只好退掉了原本买给爸妈的车票，一个人坐着火车去了 2600 公里外的城市。

因为路途太远，没有可以直接到达的车次，中间转车的时候，她去上厕所，没有一起的朋友，所以她只能拜托旁边的路人帮忙照看行李。等回来的时候，她再也找不到那个人，也找不到她的行李。

幸运的是，她的包还在身上背着，所有重要的证件还在，那张珍贵的录取通知书还在，要是这些东西都被顺走了，她一定会崩溃掉。

到学校办完所有的手续后，她第一时间打电话给家里，不是说自己在火车站被人顺走行李的事情，而是先问爸爸的病情怎么样了，有没有得到控制，还会不会随时复发。妈妈在电话里告诉她，病情已经控制住了，也没有再复发，医生说再过几天就可以出院。

挂掉电话后，她的心终于安定下来，就连自己行李丢掉的事情，也因为父亲的康复变得没有那么糟糕了。只是她清楚地认识到，自己要马上找份兼职，不然连套换洗的衣服都没有，身上带的钱只够一个月的生活费，她无法跟爸妈说行李被人顺走的事情，不是担心钱，而是担心爸妈。

很快，她在学校旁边的餐馆找了份服

务生的工作，工作的内容很简单，闲暇的时候收钱，忙的时候帮客人传菜，唯独累的一点就是，有时候会忙到很晚。

当室友逛街购物的时候，她已经早早地来到餐馆帮忙，因为勤快，工作认真，每个月还有一份不算太丰厚的奖金，这些对她来说已经足够幸运，她很感激餐馆老板的收留，让她拥有一份工作，可以自食其力，不再让父母担心。

最开始只是想着，做完一个月赚够买衣服的钱就可以，习惯后，反而更加喜欢。她本是一个内向的女孩，因为经常与客人打交道，变得越发开朗，自己拥有了独立生活的能力，也帮父母减轻了负担，四年下来，她没问家里要过一分钱。

有一次她患了重感冒加发烧，严重的咳嗽导致嗓子出血，医生建议住院几天静心休养。那时候她白天坚持上课，晚上放学后再去医院输液。一天晚上回寝室，路上太滑没看清，她重重地摔倒在地，然后一个人坐在那里，看着远处的房间里折射出的橘黄色的灯光，突然就想回到爸妈身边，开始不住地流泪。

别人都只看到她的独立和强大，不曾看到的是，在某一个深夜回学校的路上，她被人尾随，吓得一路狂奔；那些生病住院的日子里，一个人去医院，楼上楼下办理手续，却在每个周末的晚上跟家里的电话中，还笑着对爸妈说她很好，一定要他们注意自己的身体。

只是，你什么时候才能注意下自己的身体呢？

一个人生活的这些年里，早早地独立，早早地懂事，考虑家人永远要胜过自己，责任成为这个年龄首先考虑的问题，觉得只要独立到足够强大，就可以成为一个很厉害的人，可以轻而易举地把生活击败。

懂事本身没有错，只是过早懂事，未必就是一件好事。别的父母送孩子上大学的时候，好希望自己的爸妈也可以在身边，带他们看看新的校园，介绍给新的室友和同学。自己生病住院的时候，好希望这时候爸妈可以在眼前，不用做些什么，甚至不用照顾，只要坐下来陪陪自己，就是比什么都要管用百倍的良药。

可是生活里没有这些假设的美好场景，爸爸病重，所以只能自己一个人坐很长时间的火车跑到很远的地方去上学，行李丢失、生病住院也可以是件很小的事情，觉得没有必要再放大到父母那里，让他们跟着操心了。

我们努力让自己变得不再是个孩子，可事实上，我们本身就是孩子。

《请回答 1988》里这样说，懂事的孩子，只是不撒娇罢了，只是适应了环境做懂事的孩子，适应了别人错把他当成大人的眼神。懂事的孩子，也只是孩子而已。

在网上看到这样一段话，莫名辛酸：

“羡慕所有在坦然的爱里长大的小孩，像我这种从小到大自己跌倒自己爬起来、自己哭完自己擦眼泪的人，别人给得多一点就会惶恐不安，为了想要多一点点爱，就要去飞蛾扑火。我很感谢父母让我成长为独立自由的人，但同时也会觉得可惜，我知道自己错过了人与人之间很重要的东西，表达爱和接受爱的能力。”

越是想极力给自己穿上坚硬的盔甲，越证明我们真的需要被保护。

成长是一件冗长的事情，干吗非要逼着自己长大。

如果可以，请晚一点再懂事。

有压力时，给心灵做次格式化

✽卡耐基 >>

几年前，我曾参加过一家广播电台的节目，被问到这样一个问题："你觉得你自己经常面临的问题是什么？"当然，这个问题的答案我相信和大多数人的都一样，那就是压力。生活的压力，工作的压力，是人们必须面对的。

你们或许感觉生活的压力很大，工作很累。事实上，在现代社会里，人们都有这样的感觉，其中还有很多人会抱怨说他们太累了，每天都生活在疲劳之中。

我曾经接待过一个名叫露易斯的女士，她说："我真的不知道生活对于我来说到底意味着什么。我每天都处在疲劳之中。白天，我要去上班，忍受着老板的责骂和那些烦人的文件的折磨；晚上下班回家，我还需要做家务，照顾丈夫和孩子。生活把我整得太累了，在生活中我完全体会不到一丝的快乐。"

我对于露易斯的情况并不是很了解，于是我问她："你为什么会感到疲劳？你每天晚上休息得好吗？"

很显然，露易斯对于我提出的这个问题感到很茫然，显然有些不高兴："您不是在开玩笑吧，难道您认为那短短几个小时的休息能缓解一天的压力吗？"

听了她的回答，我感到很遗憾，因为直到现在为止，她还是没能对"疲劳"这个概念有一个正确的认识。导致她出现疲劳的原因就在于她自身吧。

事实上，在疲劳人群当中，真正的身体疲劳是很少的，大部分的都是精神方面的，就像后来露易斯女士所承认的一样："您说得很对，我每天确实都很疲劳，而这些疲劳实际上是来源于自身的忧虑和烦躁。我对自己的工作不满意，我对自己的家庭不满意，所以会很不开心、烦躁、忧虑，基本上每天我都是头疼回家的。"

在实际中，像露易斯一样的女人或许还有很多，她们最需要的就是放松自己。事实上，很多疲倦都是由紧张引起的，所以真正放松自己，才能够有效地解决疲倦这一问题。

学会适当放松的人是真正懂得生活的人。

凯茵被网球俱乐部的莎莉击败时，惊吓与羞愧的情绪交错在一起。其实论实力，莎莉根本就不是她的对手。

凯茵是个实力很强的运动员，不论是游泳还是冲浪，都表现得比同龄选手杰出。在网球方面，她更是佼佼者。上一年，她赢得了好几个比赛冠军，可以说是风光的一年。但奇怪的是，她当时并没有全力以赴，经常是以"轻松打"的心态来迎接比赛。

在生日的时候，凯茵用塔罗牌占卜流年运势，占卜结果显示她将会有"好运旺旺的一年"。因此，凯茵这么想：上一年我只不过是随便打打，就有这么好的成绩，要是我现在开始加倍努力，勤奋练习，全身心投入，那将会取得什么样的成绩呢？

于是，凯茵找出所有网球录影带和相关书籍，加强技巧，并且将原来在比赛前一晚喝点小酒放松一下的习惯也改了。她想吃得更健康，以保持最佳状态。

比赛那天，凯茵信心满满："我一定可以把对手打得灰头土脸。"然而，比赛中，凯茵一直试图想起书中的重点，现学现用，可是不知怎么地，总是会慢一步。她全身神经都绷紧了，没法让自己的身体和精神放轻松。最后,她输给了实力不及自己的莎莉。

后来，凯茵突然醒悟："当我喜欢自己的表现而且不把它看得那么重要，也不刻意去分析每一个挥拍反击的动作时，我的成绩通常比较好。原来这就是所谓把心放在球场打球。"

凯茵学到了一个宝贵的经验：如果在打球时，心中想的是运球动作和球技分析，就很容易犯规，表现呆板，且对敌手的回击缺乏应变力。有时候成功的欲望太过强烈反而不易成功，倒是轻装上阵更容易成功，说的就是这个道理。因为，轻松的状态能让人心情愉快，从而减少心灵的束缚，最大限度地释放自己的潜能。

我的朋友劳伦斯曾这样告诉我：人们在面对压力的时候，总显得极度烦躁，这样反而会给生活带来更多负面的影响。

劳伦斯和她的女儿住在加州的一个小镇上，她是一家商店的老板，她把自己如何获得好心情的过程讲了出来："我经常烦恼，没有一天不生活在重压之下。丈夫抱怨我，说我的脸每天都绷得紧紧的，像一面没有弹性的鼓；女儿甚至说我像僵尸，上学前不愿亲吻我……我决定改变自己这种状态。回到商店后，我以愉快的心情与每一位顾客打招呼；回到家里，当丈夫看到我一边哼着小曲一边把大衣挂在衣柜里时，他主动上前拥抱了我；还有我的宝贝女儿珍妮，也给了我一个甜甜的吻。现在，我感觉到放松心情的好处了。"

人只要活着，无论处于哪个年龄段，总躲不过生活压力的挑衅。生老病死、家庭不和、邻里纠纷、亲朋反目、下岗失业……痛苦就像是人身体中的"死结"，如不及时清理疏通，就会殃及我们的健康甚至生命。然而，无论多么痛苦的回忆，我们都可以将之视为人生影片的一个插曲，这个片段中的感情色彩是悲是喜，由我们自己来决定。

海伦刚结婚不久，她的丈夫便在一次出差途中因车祸而身亡。等海伦失魂落魄地赶到时，丈夫已躺在殡仪馆里了。刚料理完丈夫的后事，海伦又不幸被查出患有乳腺癌。朋友们得知海伦不幸的消息后，担心她想不开，便决定晚上轮流上她家陪她过夜。出人意料的是，每一个上门的朋友都发现海伦并不像她们想象的那样悲观、憔悴。相反，她把一个人的日子过得有滋有味，有声有色。

朋友们疑惑地问海伦，海伦依旧一脸浅浅的笑意。

她平静地说："生命是脆弱的，我们不能让它承受太多痛苦的记忆，忘却一些不快乐的记忆也是一种幸福。所以，我总是把自己的记忆'格式化'，只留下美好的事情。"

海伦是一位懂得生活的女子。她知道痛苦是一种病毒，若不及时对它进行处理，后果就是"主机"全盘崩溃。我们都只是普普通通的凡夫俗子，哪里经得起如此多的痛苦，所以，我们只能对记忆进行选择性删除。尽管记忆是极其重要的，但是将不美好的记忆忘却，也是一种幸福。

生活中常会有各种沉重的负担压迫我们的心灵，限制我们的行动。如果心理负担过重，生活就会变得枯燥、单调、步履维艰。但是，当我们放松心情，轻装上阵时，生活中的难题就会迎刃而解。

太阳落山前，我选择与这个世界和解

✲夏南年

给万物一个机会与我公平相爱

有时候会觉得自己拧巴，不够坦诚、大方。

3月末路过南锣鼓巷，当时天空正下着小雨，万物湿凉，街道在黄昏中难得冷清。我心血来潮想逛一逛，但又想到这儿的店都顶着北京网红景点的头衔，物品价格一定不在我的承受范围内，因此每家店都只站在门口观望了两眼,直到路过一家“古着风”的饰品店。

我迷恋中古物品，迷到几乎所有认识我的人都知道，那一瞬间，喜爱战胜了“贫穷的自卑”，但推开门我就后悔了。店里只有两名店员，其中一个立刻热情地招呼我，我的心跳下意识加速，在我看中了一对深蓝色莱茵石耳夹后,跳到了巅峰。我想问价格，却怎么都开不了口。在店员补充了那句“喜欢可以拿出来看”后,我的面颊也开始升温。

解救我的,是突然闯进门的两个小学生。她们一进门就说“我们是来买母亲节礼物的”，而后叽叽喳喳挑选饰品的模样，让我想起安房直子笔下轻盈且内心富饶的少女。

我听到她们问：“这个手链可以拿出来给我们看一下吗？还有这个，我想选一个。”

“这个多少钱？我看看我们买不买得起……”

店员温和地说：“这套两百多，其实不管你们买什么，妈妈都会喜欢的。”

两个女孩付完钱，说了句“好开心啊，谢谢”，推开门撑着小花伞跑远了。

店员感叹：“太可爱了！”

我也在心里“哇”了一声，像被飞鸟啄中心湖，漾起一圈圈不停歇的涟漪。

我知道，不敢问价的自卑经历早就被写烂了，但我想说的是，为什么不给自己和那件物品一个机会呢？那一瞬间，我幼稚地想，饰品一定会为自己能当上那两个女孩的礼物感到很开心吧。喜欢就问一句，明明是那么简单的事情啊。

一瞬间想起很多事情。

毫不夸张地说，我大概是我各种朋友圈子里的一个大 bug。

在这个狼人杀、剧本杀盛行的时代，不管是朋友约我玩桌游，还是室友们心血来潮想打牌，我都第一个跳出来摆手：“我不会。”

“很简单的，来，我教你。”

“啊，还是算了吧，我一玩这些就很头痛，而且我还有点事要赶紧做。”为了躲避游戏，向来不会撒谎的我使出浑身解数编理由。

真的不会玩这些吗？其实也不是。我

只是从小就不爱玩游戏，特别是一群人一起，再带点开玩笑似的惩罚措施的。我怕我玩不好，被别人嫌弃我很笨，我觉得惩罚环节很令人窘迫，虽然好像只是大家嘻嘻哈哈闹一闹就过去的场面和事情，但就是会让我特别忐忑。

以至于，我从来没有投入且认真地玩过一场游戏。

前段时间，我不得不参加一个游戏，我悄悄作弊了。那场志愿活动的暖场游戏是，有一副写着各种动词、名词的牌，每人抽两张绑在自己脑袋前面，不许偷看自己牌的内容。然后十几名志愿者分成两队，互相忽悠，让对方说出他们头上的词，做出对应的动作，就能加分。

很长时间里，大家都神经绷紧又兴奋不已，生怕一个不小心就中了别人的计。只有我全程都很轻松，因为早在绑上的那一刻，我就用手机当镜子照出了自己的卡片内容。

其实这场游戏的氛围真的很好，有很多次我都被带动了情绪，有点开心。快结束时，我突然有点后悔，如果我和大家一样真正去玩它，会更能融进游戏的气氛吧？会不会玩得更激动和开心？毕竟未知和刺激才是游戏的最大魅力啊。

我没尊重这场游戏，它也就不够爱我啊。

当然，我也有毫无内心戏的状态，在被逼急了的时刻。

曾经很长一段时间内，我对牛排都又爱又恨。我喜欢吃，但每次被问到要几分熟，我都特别犹豫。听说牛排的熟度都是单数，讲究很多，又听说，要七分熟牛排的人才最会吃。可我怎么看混着血水、泛着生肉味儿的牛排，都不觉得它有什么好口感，心里只会泛恶心。

后来看动漫《请吃红小豆吧！》，看到红小豆为了被吃掉的梦想，每天都好努力，一会儿激动一会儿失望的。我心想，这可是人家的梦想，怎么能不好好吃它，让它拥有最好的价值体现？

于是无论吃什么都变得好简单，只要我吃得开心就好——牛排要全熟；很酷的、表面点燃火焰的 B-52 鸡尾酒，不敢用吸管通过物理原理“吸灭”火苗，就直接吹灭；还有吃海底捞，虽然每次都会被服务员多看两眼，还是坚定地自备甜辣酱，我觉得这样特别爽。

而很久后，我又听说，真正优秀的厨师，全熟牛排做得不老不嫩，这才是最美味、最高级的。

我看过很多关于配不配、鼓励大家大胆尝试的内容，大多数只关于喜欢的人和人生前几封 offer。

其实这些我都经历过。我真的是个㞞包，16 岁时，我去看喜欢的男生表演，就是因为前一天他说希望我去看，我才去了那场根本不感兴趣的会演。可他在台上太耀眼了，我心里突然滋生出配不上他的酸涩，最后连一句夸奖都没说就逃跑了。后来分开，我总是想起那天的画面，我不是放不下他，而是不甘心那个被我咽下的时刻。

19 岁时，我去上海一家杂志面试，得到了实习资格，可他们这期拍这个明星，那期找那个明星合作，我生怕做不好，退却了。这算是我这几年唯一比较后悔的事儿。

但我思来想去，还是只想认真讲些常见的“破事”，它们看起来更纯粹，没有目的，它们只是一件件值得我去爱的小事。

我热爱的，于我就是有生命的。我想我该尊重它们，真诚、投入地享用它们，让它们发挥最大的价值。给这世界万物一个机会，和我公平地相爱吧。

人生没有必选项

✽闫晓雨

利他的本质是利己——我做的所有事情，本质上，首先是为了自己开心，自己满足，自己享受。

1

街道上所有的叶子都绿了。

北京的夏，突然降临。

我带着一身粗糙的匪气重新闯入真实的生活里。不曾感慨，未存芥蒂。很庆幸，经历过一趟短途旅行，我再次燃起对生活的兴趣。

很想和大家分享两个在上海度过的雨夜。

一个是在愚园路阔别友人后，在凌晨时分，抵达外滩。原本该熙熙攘攘的景点，因为倏忽而至的大雨，行人四散而去，对岸每晚站在舞台C位的东方明珠卸了妆，平静地伫立、遥视，仿佛这个光鲜亮丽的“大家长”也会有寂寞的时候。

天空中飘扬的雨花如大批毕业生般，蜂拥而至，外滩竟不知道哪里传来了音乐，伴随着鼓点，雨点落进江里，浪花卷起涟漪，面前的水流活了过来，在无人问津的雨夜尽情舒展着它的四肢，愈渐澎湃，借给我这个过路人一些奇妙的生命力。

虽然岸上无人观赏，也无霓虹灯光在旁。

但这属于大自然结实的、本能的力量还是震撼到了我。

或许，我们每个人生命中都有一条“黄浦江”。有人追求繁华与体面，愣生生活成了给别人观赏的景点；有人步履匆匆，喊着追求理想的热血口号，权当过路。

只极少数的人意识到河流本身、自己本身，也能沸腾。

2

另一个雨夜，是在上海宜山路的全家便利店。晚归的我，被雨截住后，进屋点了一杯关东煮取暖，当时手机没电了，好心的店员帮我拿去充电。

走了一天的路实在太累，索性我就找了处地方蹲了下来。

静静地放空。

深夜的超市客人很少，值班的店员在摆放次日的面包、寿司和饮品，他把店里的音乐调大了一些分贝，放的是林俊杰版本的《达尔文》，他轻快哼着歌，动作麻利，面容温和，有那么一刻，看着面前这个男孩走来走去的身影，我感觉自己仿佛走到了电影片场。

我竟然很想哭。

为我们平凡的人生里，在雨天仍有唱歌的权利。

这几年发生在我身上的潮湿、不幸与焦灼，都被那个夜晚治愈了。

后来我还在超市里泡了两桶杯面，等雨停后，一路拿回小区。

走过的每一步都充满了芬芳。

如果你要问我这两个雨夜，为何让我记忆深刻。

答案或许是：自由。

在万人空巷的喧闹时代里，你可以选择做一条安静的河流。

在千疮百孔的人世间行走，你不必活成大侠，在拐弯处租间小小杂货铺，也不失为一段有趣的光阴。

当你不再去想“我必须完成什么任务”，你的人生才能获得真正的自由与充实。

任性如我，不肯接受生活的改造，于是，我在文字的世界里搭建了一个茅草棚，供来往的人流歇息。守着旧日的灵魂，迎接新鲜的故事。

在无数个与生活短兵相接的瞬间里，我知道了，爱不是港湾，阅读也不是避难所，外界的一切都是使我们“理解这世界”的通道之一。

3

下午，我的学员林夕对我说，她打算休学，用一段时间去另一个地方体验生活。

我说：“每个人都有探索的权利。”

如果是几年前，我大概会和所有人一样，觉得985大学硕士这么好的履历，应当赶紧毕业出来找个“好工作”。但什么是好工作，什么又算浪费青春。

能够在虚妄的人生里去做一些具体的事情。我想，这比什么都珍贵。

我们大概还会工作30年、40年之久，这半年的探索，没有什么不可以。

她有她自己的打算，做好风险规避后，大胆去做。

古希腊历史学家修昔底德说，幸福的秘密是自由，自由的秘密是勇气。

当你全情投入涂鸦时，整个生命都是你的画板。

当你把自己框在一个社会标准里，你只能活成一幅“黑板报”。

小小在三亚出差，问我要带什么回来。

我开玩笑说：“带容光焕发的你来见我。”

作为身边比较典型的“搞事业”型女孩，我们算是见证彼此一路成长的朋友——我们的野心都是能够好好做自己，和物质没关系，和在哪儿没关系，却和身为一个人的个体价值有关系。

这点我从不否认。

利他的本质是利己——我做的所有事情，本质上，首先是为了自己开心，自己满足，自己享受。

内心时不时会冒出个声音：啊，来这么一趟，不能白来吧！

所以在我看来：一个人的事业其实不指工作，一个人真正的事业是他的人生，是我们全部的劳动、情感、价值的使命汇总。有人的事业是“赚钱买房”，有人的事业是“照顾好自己的家庭”，有人的事业是“希望能帮助到更多人”，有人的事业是“谈一场淋漓尽致的恋爱”，有人的事业是“得写出点厉害的东西来”……

只要能够让自己开心的、觉得有意义的，都是值得为之奋斗的事业。

对我来说，我的事业就是做自己喜欢的事情。

不设限，不躲避，不惧怕一无所成。

4

前段时间见了老朋友七天和紫健。

走在五道营胡同里，两侧是露天的咖啡馆和林立的网红店，不认生的小猫，散摊的北冰洋，远处是雍和宫琉璃砖瓦砌成的屋顶廊檐，脚下仔细听有五号线轰隆隆的地铁呼啸而过。

我们就那样，漫无目的地穿过胡同。

七天说："感觉你这两年经历好多。”平日在网络上大家难有机会畅聊，和老友见面，终于可以无所顾忌地触碰彼此的柔软与疼痛。

我如实讲了自己这几年经历的低谷。

“其实我挺感谢这些糟心事的，不然，我可能不会意识到自己有坚硬的一面。”从渴望被爱、被照顾、活在真空理想中到好像能逐渐去保护别人了的状态，这个过程，虽然残酷，但我并不生疏。其实还蛮期待，再过几年，我能够把发生在自己身上“戏剧化狗血”的一些故事讲给大家听。

送她到回杭州的高铁站前，我们两人相视而笑，大大拥抱了对方。

真好啊。

在披荆斩棘的路上，另一片森林里，亦有同频战斗的屠龙少女。

尽管我们谁也不知道别人背后在经历什么。但我越来越觉得，成长是件迷人的事情了，活得快乐的秘诀是：我们不需要什么年龄活成什么样子。

人生其实没有“必选项”。

没有什么事非做到不可，没有什么终点非抵达不可。

10岁时，我们考砸的那张卷子，不会影响20多岁的你生龙活虎在盛夏音乐节跳舞。

20多岁深陷一段不健康的恋爱，醉酒后哭着说“离开你我就活不下去”的那个人，可能30多岁时你想起他的面容都是模糊的。

35岁遭遇职场危机被裁掉的你，10年后回看当下，不会想到你人生的高光时刻才刚刚开始。

你的每一个明天都是由今天决定的。当我们把自己的人生时钟，调整到一个更长远的视角去看，同样一件事，它的意义完全不同。

拜托，人生哪有什么标准答案。

别被社会体系里那些虚假的“教导主任”骗了！

5

我们不用成为“更好的自己”，而是忠于内心感受，去“更好地做自己”。

我们以为虚无的，恰恰是真实的。

我们觉得重要的，恰恰如浮尘。

“情感内耗”常常来源于期待落空，本质上，大部分人常常把人生价值本末倒置。

想要做成一件事，不是因为“我一定要做到而努力”，而是当我投入并满足于此刻“喜欢”的本身，宇宙才能正确接收你的信号。

活在当下，是对未来最好的规划。

如果此刻的你正对人生感到迷茫，不妨就忘记所有选项，去创造一个新的答案吧。

我终于与自己握手言和

✽ 凌羡渔

一个开朗、乐观、自信、幽默的胖子，是值得被别人喜爱的。

1

在服装店试穿一条 S 码的连衣裙时，我感受到身边一个微胖姑娘羡慕的眼神：“你真的好瘦，穿什么都好看，我要是能像你一样瘦就好了。”

看着她一边拿着裙子在自己身上比画，一边皱着眉头，我的思绪飘回到 16 岁的那个夏天。

那时的我，也是一个胖姑娘。1.6 米不到的身高，60 公斤的体重，让我看起来像个沉重的球，属于青春期少女的纤细和轻盈在我身上找不到一丝影子。

彼时的我并不知道那是发育期惹的祸，虽然我的食量越来越少，但体重并没有减轻的趋势，仿佛喝水都能长肉。

校服要穿大号，运动服也是。课余，班级组织郊游，集体合影里的我占据了一大块儿画面，连发型也无法打理成我向往的样子，肉乎乎的脸破坏了全部美感。

因为肥胖，灰白和自卑成了我青春的底色。男生拿我当哥们儿，女生也觉得我是个胖胖的傻大姐，走到哪里，我都是被打趣的对象，“憨坨”“胖坨”的外号不绝于耳。

我爱慕着楼上某个班的一名男生，却从不敢出现在他的视线范围内。机缘巧合的是，每周一节的体育课，我们两个班上课的时间是重合的。宽阔的操场上，我能远远地看见他们班在列队训练，却从来不敢妄想他能回头看我一眼。当同桌打趣我“成绩不突出，肚子倒是很凸出”的时候，我甚至连回呛一句的勇气都没有，因为我清楚她说的是事实。

所幸，还有一个特长能让我在自卑的泥潭里稍稍得到喘息，那就是演讲。

那真是一种神奇的体验。站在演讲台

上的那一刻，当我用或激昂或深情的语调谈起我所有的想法时，被肥胖禁锢的那个自我从肉身中挣脱出来，自信的光辉终于透过卑微的我散射开来。

托演讲的福，语文老师对我青睐有加。那年秋天，老师推荐我作为全校三名选手之一，去参加全区的演讲比赛。我也格外争气，在那次比赛中取得了个人最好成绩——全区第二名，这也是学校在全区演讲比赛中取得的最好成绩。掌声响起的那一瞬间，我的自信心终于达到了满格，我短暂地忘记了我是一个胖子的事实。

比赛取得成功的那一针“鸡血”，让我在小半个月里都有些飘飘然，并促使我做了一个大胆的决定——当又一节体育课来临时，我等在那个男生去操场必经之路上，鼓起勇气跟他搭讪：“你好，我是楼下班级的许静，周末美术馆有画展，一起去看好吗？”

一瞬间的寂静像一个结界，笼罩在我和他的身上，静得连操场上刮过的风都听得见。

“我周末要去补习数学，不能和你一起去看画展，对不起。”在他开口的一瞬间，结界消失了。他的拒绝礼貌得无可挑剔，于我却如同当头棒喝，惊醒之后是无地自容。

他和他的同学与我擦身而过的时候，我清楚地听见了这样的对话：“这个胖姑娘是谁呀？似乎是演讲很厉害的那个。”“就是她呀，许静。”“你小子，不肯跟她去看画展，肯定是嫌弃人家太胖了，哈哈！”

不争气的眼泪模糊了我的视线，秋日的风声轰隆隆扫过耳畔，让我再也听不清后面的对话。

原来，尽管我拿下了大大小小各类演讲比赛的奖项，拿下了全区第二的名次，在走下演讲台、掌声逐渐消失的时候，我依然是那个被打回原形的胖姑娘。

2

我缩回自卑的阴暗角落，连演讲都变成了提不起兴致的事，但这种消沉只有我自己知道。是啊，谁会关注一个除了在为数不多的演讲比赛上偶尔发光，其他时候都默默无闻的胖姑娘的情绪呢？

小说和偶像剧里的女主角，消沉憔悴的时候都会瘦下来，变得楚楚可怜。然而，我的胖仿佛是一种顽疾，消沉除了带给我更为憔悴的脸色和更为低落的情绪，再无其他。

善良的同桌和一直对我期望颇高的语文老师察觉出了我的异样。因为，当又一次演讲比赛到来时，我失去了参与的兴趣。那只是一次班级内部的小型演讲比赛，主题也很宽泛，可以不受约束地谈，举办的目的就是缓解大家的学习压力。语文老师要求我必须参加，我却只对同桌谈了谈关于肥胖的苦恼。她说：“既然必须参加，你为何不就肥胖的问题谈一谈呢？”

这真是个令人啼笑皆非的提议。但我破罐子破摔地想，把我最为钟爱的演讲演绎成一场个人的“吐槽大会”，像一个黑色幽默，不是也很有意思吗？反正，我是那个没人在乎的胖姑娘。

我把演讲稿题目定为“一个胖子的幸福和忧伤”。那是一次放飞自我的演讲，我想到哪里就说到哪里，整场演讲没有任何设计和竞赛的痕迹。我把自己在青春期里对于肥胖的惧怕和自卑，为之懊恼和纠结的种种，像竹筒倒豆子一般倒了出来。

自嘲、调侃，我像聊天一样讲完了“胖”所带来的真实体验。讲完的那一刻，台下有持续5秒的静默，然后掌声响了起来。

比赛结束以后，一向爱开玩笑的同桌一本正经地告诉我，那5秒的静默就像一种无言的震撼。习惯了我演讲时“庄重大气”风格的同学们，被这种黑色幽默般流畅的自嘲打动了。“这次的掌声跟平时听你演讲后的掌声不一样，格外真诚。你听出来了吗？”同桌认真地问我。

诚实地说，我并没有分辨出掌声里的不同，但是那场被我演绎成脱口秀的演讲，带给我前所未有的、酣畅淋漓的感受。长期以来，我需要靠演讲这副漂亮却虚假的面具来掩盖“胖”所带来的惶恐与自卑，却没有想到，卸下面具的那个真实的自我，并没有我想象中那么令人讨厌。

那场演讲让我收获的还不止这些。比赛结束后，好几个听说了消息的隔壁班的男生女生都来安慰我：“许静，其实你没有你想象中那么胖，也没有人觉得你是个讨厌的胖子啊。当你一脸严肃演讲的时候，我们还觉得你挺可爱的。”

原来，一个开朗、乐观、自信、幽默的胖子，是值得被别人喜爱的。

对肥胖的释然，释放了我多年来无形的压力，而我的身形，也在青春期的拔节成长中渐渐褪去了臃肿。

3

在高二下学期快要结束的时候，我发现体育课上常穿的大号运动服开始变得宽松，我的肉脸也褪去了婴儿肥，有了青春期少女该有的线条和轮廓——瘦了10公斤的我，已经告别了胖子生涯。

我和我曾经爱慕的那个男生在体育课上“再续前缘”。一节体育课上，我在球场上练习投篮，他与他的同学经过。当听到我的同桌高喊我的名字时，他回过头来看了我一眼。目光相交的那一瞬间，他眼里的讶异藏也藏不住。

我脑海中恶作剧的念头也在这一刻冒出：“怎么，认不出我来了？我是那个只会演讲的胖姑娘许静啊！”他显然想起了那次被他拒绝的邀约，有些不好意思地笑笑说：“怎么会不记得啊，只是……你竟然瘦了那么多！”“对呀，我想你现在有可能会同意跟我去看美术展吧。”我继续厚颜地调侃着，“上次你拒绝了还是胖子的我，对我的打击真的很大。”

他愕然，继而不顾形象地大笑起来：“你误会了，我那一次是真的要补习数学，而不是因为你胖。而且，那时候我和你根本不熟，你的邀请太突然了，你也要允许我做好心理准备嘛！”

初夏午后的阳光照在我汗津津的脸上，就算已经是瘦子的我，在阳光直射下油腻着一张脸，也实在毫无美感。然而，这并不妨碍我心情大好。那一刻我突然发现，纵使我再也不是那个需要惶恐地节食和锻炼的胖子，纵使我已经走出了肥胖带来的阴影，但在内心深处，我还是愿意做那个选择放飞自我、敢于诚实面对自己的胖姑娘。

那个夏天，我终于与旧时光里胖乎乎的自己握手言和。

✲ 邱可馨

我没有成为理想中的大人

你是什么时候发现自己长大了呢？

是看见曾经最喜欢的玩具在角落积灰的时候，是翻开老相册看见模糊的过去的时候，是学会坦然接受亲人离去的时候，还是遇到挫折也会咬咬牙逼自己站起来的时候？

你成为理想中优秀且游刃有余的大人了吗？

现在的我，想吃的零食都能吃到，想玩的游戏都能玩到，我好像实现了童年理想，童年却好像又成了我的理想。

我好像可以做更多的事，却好像又有了更多的烦恼。

刷短视频时，看见了儿时常看的节目里的主持人金龟子姐姐时隔多年的问候，让我想到一句话："当你最后一次把电视频道切到少儿频道的时候，你甚至从来都没有意识到那是最后一次。"

当时还以为那是很平常的一天，后来才发现，那一天竟是告别。

突然发现自己的童年已经过了那么久，但还是会有当年熟悉的人关心现在的你过得好不好。

金龟子姐姐说："小朋友们，你们现在过得还好吗？是不是压力很大？你们会有自己的开心和不如意，但是我觉得都不重要。我特别想让你们像小时候那样快乐。"

曾经的小朋友们，现在不分昼夜地穿梭在城市中，成了为生活奔波的大人。或许是独在异乡忍受生病的恐惧和无助，或许是在职场上咬牙吞下不公的待遇，或许是在加班的夜晚疲惫地回家后还要计算经济收支。

或许，我们都没有成为童年时理想的大人。

但是，少年，你也到了怀疑自己是不是主角的时候了吗？

或许，我们的确没有成为儿时理想的大人，我们没有时刻闪闪发光，受所有人尊重；我们没有穿着精致的高跟鞋和精美的制服裙在高楼大厦间行走；我们没有潇洒地开着自己的车，戴着墨镜来一场说走就走的旅行。

但那又怎么样呢？

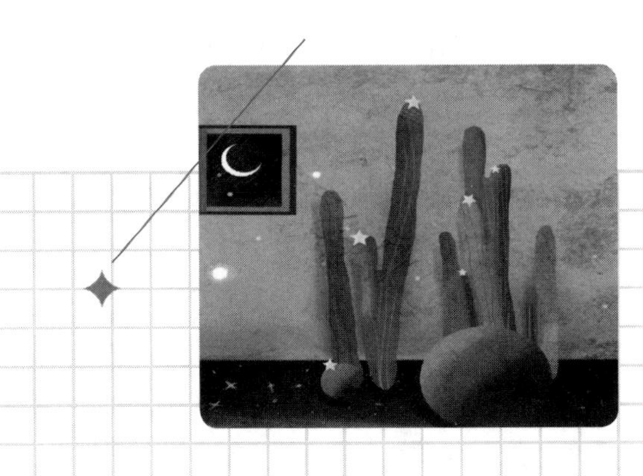

不管生活是否艰苦，是阴雨绵绵或是万里晴空，有无人爱，都要努力成为眷恋晨光和余晖，漫不经心捕捉自由的人。

成长就是要接受自己的平凡与普通啊。

我们都是平凡的普通人，我们会为了房租困扰，会为了赶地铁、公交起早，会为了好好生活下去显得有些狼狈。

是的，我们都还没有成为理想中的自己，可是此刻并非终点。

每座山的错落都是不一样的，就像每个人的人生都是独一无二的，纵有起伏，纵有平仄。

诺贝尔文学奖得主爱丽丝·门罗在接受采访时说："我三十六七岁才出版自己的第一本书。而我 20 岁时就开始写作，那时我已结婚，有孩子，做家务。如果我 25 岁时就通过出版小说迅速证明了自己，说不定那倒是件糟糕的事情。"

能够蹚过湍急河流的人固然优秀，但那些还未到达岸边，却依然奔赴在路上的人，同样值得我们敬佩。

我在 18 岁后步入成年，但我的人生并未在 18 岁时戛然而止，因此我还会有更多要做的事。

我想做更多的尝试，哪怕会遇到一次又一次的失败。我想朝着理想中的样子去努力、去爱，哪怕受过伤害。

哪有人能轻而易举地得到想要的东西呢?

我知道你可能对自己并不满意，有些是天生的且无法改变，但正是这些不完美，才造就了独一无二的你。

遗憾往往难以弥补，可是遗憾让人心生挂念，于是有了更多生活的勇气，于是学会将苦难视作礼物，学会坦然接受，在失望和不甘中找到渺小却伟大的盼头。

人之所以要长大，不是为了逃避生活，也不是为了关上门，而是为了再相遇，为了选择相遇，为了走到自己选择的前方去。

不管生活是否艰苦，是阴雨绵绵或是万里晴空，有无人爱，都要努力成为眷恋晨光和余晖，漫不经心捕捉自由的人。你所向往的，总会在远处等你。

还没有成为理想中的大人?

是啊。

只是现在还没有成为而已。

做题、做事与做人

✽顾一灯

如果曾被人和事反复地打磨，非但没有被击溃，反而找到了自己要前行的路，那份独有的气质将没人可以取代。

这两年，我常常在各种社交媒体上看到“小镇做题家”的自嘲。自嘲者往往是来自三线城市或乡镇的青年。他们在中学时代是大家公认的好学生，却在考上名校或步入职场后面临价值失落的困境，难以找寻自己的立足之地。

某日的晚上，我和朋友在方家胡同的露台上喝茶聊天，谈到这个话题，也顺带聊起做题、做事与做人三者之间的关系。

在我们的人生当中，倘若不从事老师一类的职业，相较于伴随终生的做事与做人，做题只占据了很小的一部分。固定的套路、标准的答案，使之成为三者中最简单的选项。虽然上学的时候，我们难免为成绩的波动而苦恼，并幻想着未来穿高跟鞋、提公文包上班的日子，远离那白花花的卷子，但数十年后再回首，大家往往会说，做题已经是非常少有的、颇具确定性的行动之一了。

确定性意味着有更大的掌控的可能。只需要掌握考纲要求的知识，或者比考纲要求的再稍微多一点点，然后学会审题、答题的方法，通过老师的讲授与反复的练习，将尽可能接近标准答案的句子填进答题纸空白的区域里，这样通常便能获取还不错的成绩。

它有一套比较标准的程序，付出与收获之间往往成正比关系，当然偶尔也有机遇性的因素作祟，但绝大多数需要我们应对的其他事，远比做题复杂。也许已经尽了最大的努力去匹配想要达到的位置，但事到末了却总是少了一点点运气。

早在念中小学时，我便深深觉察到做人的不易。同学间的关系亲昵时如蜜糖般黏在一起，疏远时又被一把推开，个中原因往往是最微不足道的事。事情虽小，却如蝴蝶效应般引起巨大的风波，无论是旁观还是亲历，都让人有些心累。拥有更好的事物自然会招人嫉恨，被盼着从山顶跌下来，于是临近高考的三个月内被偷过几次不同学科的笔记本，又被传过诸多风言风语，等传到自己的耳朵里时，只觉得哭笑不得。

时至大学，本来出于兴趣管理某个小众文化相关的社团，只想着聚集有同样爱好的人，却也面临各种明争暗斗，不得不放弃自己喜欢的那种简单直接的交际方式，锻炼出与人交锋的手腕与本领。

起初还觉得有趣，从一桩桩一件件的事情里探寻最幽微的人性，以为窥见了旁人不得的秘密，但很快便厌倦了，只想做一份凭本事吃饭的工作，离复杂的人情世故远一点。现在想来，那还是怀揣几分不谙世事的天真吧。

领悟到做事与做人根本是缠在一起没法拆开的两根麻线，是再之后的事了。终于发现，至少在我所了解的范畴内，没有纯粹的做事一说，甚至可以说，处好人与人之间的关系，是做好事不可或缺的前提。不加班的夜晚和周末，这些忙碌中难得的罅隙，大都用来和各行各业的朋友聊天，聆听他们周围发生的变动。

听过不少类似的片段：某个同事极具能力，却独断专行，且口无遮拦，在项目上得罪了大半合作方；又或者，某个身居高位的人不愿给予低位者尊重，帮忙却伤人心，最终自食其果。于是便知道，要将事做得漂亮，不是仅仅把事情本身做好，而是要把话说得圆满，将各方人心照顾得妥妥帖帖，再把本职工作做好。

与做题相比，做事与做人显然是很不可控的。如果说做题是从泳道的一头游到另一头，那么做事与做人就是将自己抛进小舟再驶向茫茫大海，你永远都不会知道怎样的风浪和暗流在前方等待着你，这艘船究竟什么时候才能再次靠岸。

这或许是诸多“做题家”在社会中感到无所适从的原因。

但学会去做事、做人总是必要的，所以与其被浪潮裹挟着彷徨失措，不如试着用一种拥抱社会的态度去生活，学会应付各式各样的场合，学会体察外表下埋伏着的人心，学会在冲突争端中巧妙地周旋，把方向盘攥在自己手里。

事实上，做事与做人并不是踏入社会后的专利，早在上学的时候，或与同学相处，或担任班级与学校职务，或完成小组展示，我们都面临相似的考验，并为之受挫和苦恼。但我想在此之外提供一种别的路径，不去逃避，而是去生活，去经历，将你所打交道的人与所遭遇的事都变作宝贵的财富，锻炼出强大坚韧的生命力。

沉滞的人格与死板的题目没什么两样，你很难说它当真具有什么特殊的吸引力。但如果曾被人和事反复地打磨，非但没有被击溃，反而找到了自己要前行的路，那份独有的气质将没人可以取代。

与蜗居在井底做一潭死水碌碌终生相比，我更愿意做一条小河，途经荒郊与闹市，穿越群山和平原，朝大海的方向肆意地奔流。

✲围　子

我知道这自尊没用，可是余生我仍要和这自尊如影随形

我的城市有一辆从 1941 年驶来的 54 路，柔滑的老长的铁轨，长长的天线伸向天空。春天有杨树在一侧抽着嫩叶，秋天拖着金黄的睡袍走到哪里燃到哪里。

列车从最繁华的红旗街商圈出发，两条铁轨弯弯曲曲像地下钻出的黄鳝，有时长一些，有时短一些，游弋在 7.6 公里的始发站与终点站之间。

七月盯着窗外，一群麻雀快速地扑棱着翅膀，从一个树梢飞向另一个树梢，又化作枯枝的一部分，天空总是笼着厚重的浅灰色，那是北方冬天特有的苍凉与萧条。

七月出生在一个小镇，每次回家，从街头走到街尾，七大姑八大姨热络得牙齿发酸。

那里的人没有边界感，见面问“你男朋友做什么的？”“你每个月赚多少钱？”“你今年多大？”像问“你吃了吗？”一样随意。甚至，还会自顾自地告诉你：“你爸妈养你可不容易，你可要孝敬他们。”外人一听，就好像你是个需要被教育的不肖子孙。

但其实，那只是他们并不知道怎么开始一段谈话时搭话的引子。

七月的男朋友总是会嘲讽几句。

七月懒得给他看《乡土中国》，更懒得跟他讲农耕文明的村落是以怎样的方式绵延存活的，她只是耸耸肩膀说：“你不要在意就行了。”

七月的男朋友小开是个警察，却有着一脸慢声细语的书生气。

七月喜欢那些反差特别大的事情，比如冬天里的马迭尔冰棍、圣诞节里的孔明灯、马桶饭，还有她的男朋友小开。

她说，那样，比较可爱。

半年前，七月的大伯被查出肺癌，大伯一辈子没结婚，陪床医药费一直是七月的爸爸和叔叔担着。可是时间长了，婶子不满意，嫌大伯是拖累，每次交医药费，都和叔叔打得鸡飞狗跳。

七月的爸爸沉默着，一个人照顾大伯，花完家里的所有积蓄，点一支烟，深深地吸了一口，又叹了口气和七月说：“你能不

能借一点钱给爸爸？”

七月的每一句话都被小开嘶吼着打断。

七月说：“爸爸很为难才会……”“可是我们没有到那么需要这个钱的……”

他说：“你怎么那么爱面子！你哪里有钱？”

那些没说完的话就像钟摆，直挺挺立在半空中，它们就像一堆奇怪的炸弹，不知道哪个时间会叮叮当当敲响，震裂，那碎屑一定会硬硬地扎到地面上，立成刀丛。

是哪本书上说，爱一个人是理解她的为难，疼惜她的软弱，又是谁说的爱屋就会及乌，呵呵，那么风凉。

七月站在路旁看见摇摇晃晃行驶过来的有轨电车，她在这个城市待了这么久，还从不知道这趟电车驶向何方。

她挑了一个靠窗的位置坐下，风从四面八方灌进来。

她收到一条微信，那个熟悉的头像一闪：“你就抱着你那不值钱的自尊，自以为是地活着吧。”

七月想起小时候有一次爸爸打她，大伯一把把她从爸爸的手里夺过来说：“你再打孩子就先打死我！”

七月很想号啕大哭，她的心里已经哭过千万次，“为什么”“你怎么可以”……

七月觉得自己就像一个孩子，哭来哭去忘了最初哭的缘由，只剩一个委屈的念头。

人人都可以欺辱我，你不能……你知道我哪里最疼，为什么还要让我一次次撕开伤口给你看……

开电车的人不说话，紧盯着铁轨，枯燥从不让他发疯。开电车的人慢悠悠从不鸣笛，这个城市的人早就习惯拎着包子油条热乎乎地低着头穿过铁轨，帽子盖得严严实实，手揣进兜里，小贩的吆喝声呼着白气，远远望去，像看一段停滞的旧时光。

54路就像这个城市呼出的一口哈气，你不要它，它就散了。它什么都懂，什么都不记得。

自由而无用

✻映　石

我想起光华楼前的风，没有形状，随心所欲，要是它向我吹来的话，我大概会迎风为自由高歌吧。

在我成为大一新生的第一天，校长站在体育馆讲台上，对我们说："同学们，请记住，复旦大学的校训是自由而无用。"

当时我对这句校训没有深刻的印象，再次听到这句话时，是在学长学姐分享会上。

一位学长说："每一位复旦人的心里都装着一个自由而无用的灵魂。"

有同学举手问："请问什么是自由而无用的灵魂呢？"

学长沉思片刻，说："如果你看到有人在路上走着走着，突然就唱起歌来，那他很可能就拥有一个自由而无用的灵魂。"

台下传来一阵笑声。

当一个人走在马路上，一时兴起，不顾旁人目光，放开喉咙唱歌，说不定还伴着节奏跳上一支舞，四周响起只有电影里才有的背景音乐，那画面该有多欢乐啊。

可我是一个与自由绝缘的人。

我出身小镇，在千军万马中努力拼杀才考到上海。

我所上的中学里，围墙上贴着"多拿一分，干掉千人""只要学不死，就往死里学"诸如此类的红色标语，老师们的眼睛像雷达一样不停扫描，要把一切娱乐活动扼杀在萌芽里，学生们因为长时间的学习而脸色憔悴。

在这样的环境浸染下，我的脚下似乎只有一条路，一条注定的路：考上名牌大学，就读热门专业，找到一份光鲜亮丽的工作。

我把高中的生活习惯照搬到大学里，像只蚂蚁一样在图书馆、教室和宿舍里来回奔波，恨不得把每一分每一秒都用在学习专业课上。

一天，我准时在七点从床上爬起来，舍友阿光不禁惊呼："天啊，你简直像台机器人。"

我看到他手中捧着一本《理想国》，问他："你选修了这门课吗？"

他摇摇头："没有。"

"那你看它有什么用？"

他耸耸肩，说："为什么一定要有用呢？哦，对了，方便的话，帮我占个座。"

我喜欢到光华楼里自习，那里的装修比那些旧教室要好很多。

楼前有一片空地，晚上会刮风，风特别大，听说有一次甚至把路口的石墩子都吹跑了。

同学们都戏言，那里刮的是妖风。空地上有草坪，很多学生在那里憩息，有的在扔飞盘，有的在玩着狼人杀，有的什么也不干，只是懒洋洋地晒着太阳。

这里的氛围让我感受到完全的轻松。但轻松只是暂时的，一回到教室，压力与焦虑便卷土重来。

就这样在忙碌中迎来考试周，我们为期末考试而焦头烂额，然而这时，阿光突然宣布一件事——他要转到哲学系了，下学期就不能跟我们做室友了。

震惊之余，我问他读哲学有什么用，能找到工作吗。

他淡然地说，走一步看一步吧，没办法，谁让他就是喜欢呢。

理性使我无法认可阿光的做法，但是心里却隐隐约约生出一丝羡慕。

那天，上完晚自习，我站在空地上，背对着光华楼，风吹响树叶，灯光点点，洒在路面、草叶和嬉笑着的人群上。

我心里忽然有一种冲动，或许我也能过另外一种生活。

我重新拾起儿时的爱好——文学，加入学校的报社，成为一名编辑。

报社的工作和绩点、实习、竞赛毫无相关，我在那里看稿，读诗，和同学讨论文学。报社和光华楼里的时间似乎以不同的速度流转，报社里的时间更慢一些，像一只温柔的大手，安抚了我内心的焦虑。

临走前，阿光送我一本《存在主义是一种人道主义》，书上说，在剪刀设计出来之前，人们的大脑里就已经出现剪刀的概念，但是人不一样，人的作用或者目的在一开始是没有的，这意味着人是自由的。

我想起光华楼前的风，没有形状，随心所欲，要是它向我吹来的话，我大概会迎风为自由高歌吧。

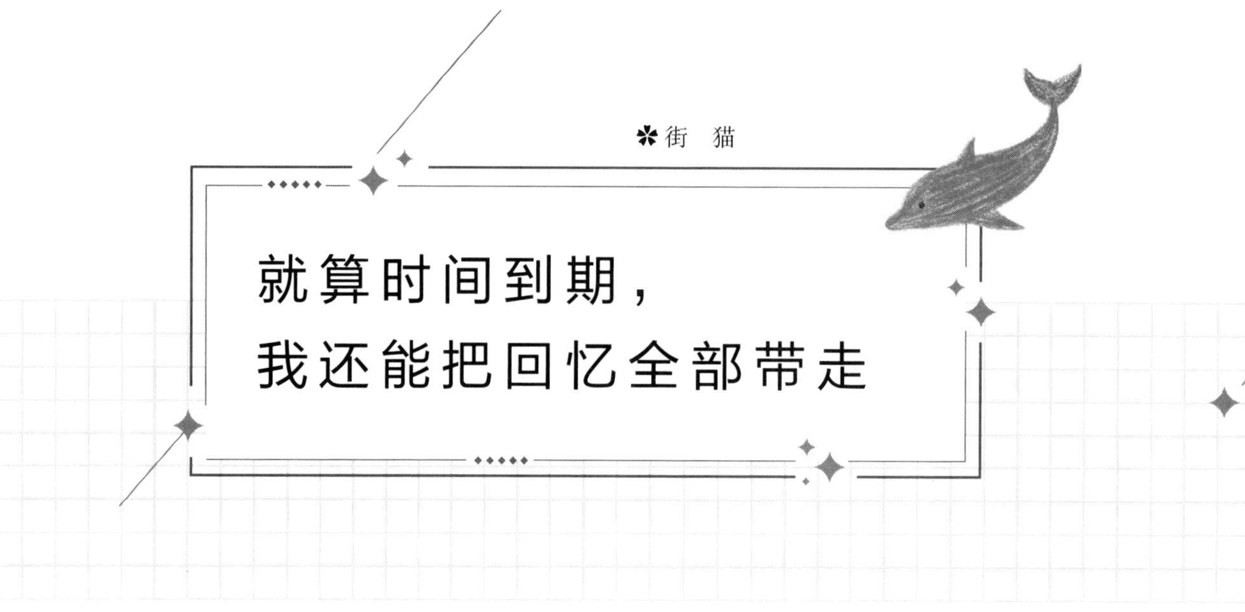

✽街　猫

就算时间到期，我还能把回忆全部带走

我结束了在上海的工作。

David 站在门口最后一次拥抱我，他说："你真的这么不喜欢这里吗？"我说："不是的，我很喜欢你们。但是这份工作太消耗我了，这不是我的领域。我必须要走。"

我独自走在深夜的马路上，感到又疲惫又清醒，希望出现一张被遗弃的沙发，让我坐上去躺一会儿。不知道从什么时候开始，看到一个肩膀我就想靠过去。路过一棵树我也要傍一会儿，顺着一堵墙自由滑落，能在公交站台的长椅上坐半个小时，看着人来车往。随时随地想躺下，这副躯体似乎在拒绝支撑我的头颅和意志。天地浩瀚，人间喧哗。我摇摇欲坠，变成醉汉手里的一个玻璃杯。这件事始终要发生，你不能用一个咖啡杯来装酒。

开始有大把大把的时间读书，看电影，写字。每天中午我背着那个花朵图案的大书包出门，里面一台旧旧的笔记本电脑，钻进路边的一家咖啡馆，待到天黑。我本来是打算把附近的咖啡馆都泡一遍的，结果遇到的第一家就爱上了。

陕西北路上的一家两层咖啡馆，窗台对着马路，门外有一个小小的庭院，种了很多绿色的植物，两三张桌子，喝咖啡的人在这里上网，聊天，发呆，抽烟。我很爱这个小院子，非常舒服，让我专注。外国客人似乎更加随性，把自己的背包扔在地上毫不在意。

这里的香草拿铁超级好喝，怎么可以这么好喝，很浓很细的奶泡，一丝丝软绵绵的甜，一入口那阵咖啡香就充斥你的整个鼻腔，简直醉生梦死。我愿意为了这一杯咖啡每天都出门，无论晴天或是雨天，贫穷还是富有，健康还是残疾。愿店里那个制作咖啡的俄罗斯帅哥可以给我作证。我总是容易对这一类东西产生一种深刻的眷恋，一杯咖啡，一盏路灯，一间 24 小时便利店，它们才是一座城市的温度所在。

一个星期后，我开始焦虑起来。现在

所有这些一瞬间的狂喜都变成角落里的日渐荒废。所有这些书籍、衣服、口红、香水都变成阴魂不散的前任，拖得我寸步难行。

我是无业游民，要这样漫无目的地晃荡到什么时候？房租就快到期了，我还要继续待在上海吗？如果不待在上海，那我要去哪里呢？小强过几天要去长沙玩，她问我去不去。陈琪下半月回成都举办婚礼，她邀请我过去，说成都是一座非常值得探索的城市。也对，是时候出去旅行一段时间了。我可以先去长沙，再去成都，再往北走，最好能邂逅一场大雪。这个想法把我迷住了，我有时间，有一点钱，还有和老友见面的契机，想想都很棒是不是？直到我打开衣柜准备收拾，那是一个灾难。

其实，每次收拾行李或者做“the list of things to do”，我都感到特别需要躺下喝一杯。突然就不行了，床角的被套都能把我绊倒。桌子上还有两个没拆的快递，我看到就生气。如果我要出门旅行，我就要把这个房间里的所有东西撤走，我没办法为我的瓶瓶罐罐租下一个房间。我为什么要买那么多东西呢，这个双 11 我真的真的什么都不想要了。我一边收拾一边心力交瘁地想。从超市货架上一排排扫过去，费尽心思要抢到最大的那个外卖红包，每天睡前往购物车里扔东西。垃圾桶旁快递盒堆积如山。所有这些一瞬间的狂喜都变成角落里的日渐荒废。所有这些书籍、衣服、口红、香水都变成阴魂不散的前任，拖得我寸步难行。

我终于意识到一件重要的事：不要把钱过多花在实物上，就是那些不会自动消失的东西。比如我买了一个秤，上面的数字除了会让我伤心还有什么用？我还买了个破锅，还不是一样天天叫外卖？毛衣超过 5 件的都是傻女孩，牛仔裤超过 5 件就酷不起来了。不如把钱花在体验上：去旅行、去听演唱会、去博物馆、去拍拖、去动物园看大猩猩、去吃最好吃的班尼迪克蛋、去最火的 Livehouse 蹦一晚上。

这样就算时间到期，我还能把回忆全部带走。

有意思无意义的人生

✽倪一宁

只有活给自己看的人生，才能够剥离掉虚荣心、表演欲、自我感动的外壳，露出一点赤胆忠心。

1

很久之前，杭州出了桩不大不小的新闻，交警拦下了一个开着拖拉机的青年，原因听来荒谬，拖拉机上，站着一头骆驼。警方问讯后得知，这骆驼是他在新疆买的，他一路开着轰隆隆的拖拉机，运着不服水土的骆驼，从南疆走到了南方。警方做主，把那头骆驼卖给了附近的动物园，又给了他一笔交通费，让他回了福建老家。这年轻人太配合，第二天就坐火车走了，没给记者们发挥的余地，也没给新闻发酵的时间。

告诉我这则过气消息的，是朋友老K。那时我们一桌人入深巷，过小院，寻到了一家私房菜馆。桌上花煎蛋异香满口，芝麻菜烧豆腐能鲜掉眉毛，沸腾大砂锅里炖肉皮和蘑菇，浓汤从喉口热到指尖。老K的笑话奇谈最下饭，我们对着一锅明晃晃的、映得人满脸生光的白饭，催问他后来。

老K得知这则新闻后，立刻奔往杭州找人，当然，他也扑了个空。但他通过朋友知道了年轻人的户口所在，是闽南的一个小村落。月底，他驱车前往，房子是空的，问了左邻右舍，说这人若干年前进城务工，没回来过，再问下落，就摇头了。老K在空房子前坐了会儿，掸了掸屁股上的尘土，起身想走。一个邻人追了出来，自称是本地中学的教师，他递给老K一张纸条，请他留下联系方式：“等肖飞回来了，我跟他说，外面有人来找过他。让他给您回电话。”

对了，那年轻人叫肖飞。

他们互换了号码，老K之后换了几份工作、几次住址，号码倒是从不变动。他定期给那个邻居打电话，问肖飞有消息了吗。

2

老K说，他大概是世界上唯一一个，无亲无故的，惦记着肖飞的人了。在他都快质疑这个事情的合理性时，肖飞打来了电话。他语气沉稳，说："谢谢您的关心，我目前在泉州摆夜宵摊，您要是有兴趣，可以过来长谈。"

老K搁下电话就去了泉州。他按照信息，找到了那个夜宵摊，挑了角落位置坐下，不远不近地观察店家。夫妻俩配合默契，闽地嗜甜，丈夫爆炒鱿鱼时都大把撒糖，妻子就穿梭在几桌客人间，添酒加筷，偶尔扭头，尖声督促儿子写字别磨蹭。等客人散得差不多了，街上转冷清，老K终于起身，对着陌生的四四方方脸的汉子发问："你就是肖飞？"

那次长谈，老K大失所望。肖飞对五年前的壮举很不上心。煤气要换了，下周儿子开家长会，夫妻俩得派个代表去，这批食材不怎么新鲜……他记得每一桩柴米油盐的琐事，但是不记得那场轰轰烈烈的远行。

老K试探着问他："怎么想到买一头骆驼呢？"

他用圆溜溜的眼睛瞪着老K："我喜欢骆驼呀，想买一头带回家。"

他穿过甘肃、陕西、湖北，然后陡然一转，兜向西南，再经两广、江西，直到在杭州被拦下。他走了整整一年，开着辆风尘仆仆的拖拉机，上面站了头骆驼，走的都是偏僻乡镇。前半段行程靠积蓄，后来钱花光了，就把骆驼借给人拍照，照一次五块钱，骑上去十块。

问他想念骆驼吗，他先点头，继而笑起来："去动物园挺好的，我们小区没法养大型宠物。"

老K讲述这次平淡无奇的相逢时，我们都站在院子里。刚下过雨，泥土软塌塌的，我穿着尖头靴子，鞋跟不断地往下陷，我心猿意马地听后续，其实全在寻找坚硬干燥的土壤，中途听见有人问老K："那他这一路很辛苦吧？"

"穷人家孩子，怎么样都是苦的。"

"不替他策划个节目？讲讲一路见闻，也能红一把。"

"想啊。可他压根不觉得这事多厉害。对他来说，这就是牵着骆驼回了趟家。"

我总算站到了一块小小的花岗岩上，蹭着岩石边缘，一点点刮掉鞋底的泥："那他继续摆小摊？这事对他来说，就没什么深远意义？"

"他没想那么多，做了就做了。他就是图好玩，有意思，不指望靠这个赚钱出名。话说回来，人生又不是阅读理解，哪来那么多富含深意的片段？"

我边捋头发边"哦哦"，意兴阑珊了大半——想想看啊，眼神桀骜的少年，开着一辆随时可能散架的拖拉机，和一头寂寞的骆驼做伴，这简直就是《后会无期》和《少年派的奇幻漂流》的合订版啊。字幕组都快提炼出金句了，怎么啪嗒一下，就转成了葱香煎猪肝的深夜大排档？好端端一个震撼中产，呼应背包客，召唤小清新的题材啊，就这么被浪费了。

他不想出名我能理解，安心蛰伏在夜

市……也能理解，想不通的是，他怎么就能任由那次大胆的远行过去呢，怎么就能呼吸平稳地，让这段拉风的往事干脆利落地消失呢？换句话说，他怎么就能放任那次旅行，从“有意义”变成“有意思”呢？

3

初中时写周记，写到实在没得写了，就写一只苍蝇叮过期牛奶的过程，啰唆了八百字，被老师点评为“有意思”，同时规劝我，要把目光多投注于“有意义”的事物上。我很是赧然，在传统价值观里，“有意义”是比“有意思”更高级的存在。它是卒章显志中的那个“志”，是画龙点睛中的“睛”，是不虚掷的总和，被敬畏的原因。哪怕我私下认定，“有意思”像是黄蓉哄骗洪七公的那席菜，是百无一用的天花乱坠；“有意义”却像郭靖，是牛嚼牡丹的政治正确。

后来读沈复的《浮生六记》，有点惊诧于，一个男人居然能如此心安理得地沦陷于“有意思”“无意义”的人生，他撺掇妻子女扮男装随他外出，把漫天乱嗡的蚊子当作群鹤，他有点无能，有点轻浮，在文人中也不算养尊处优一生完好，但我始终羡慕他，不为别的，单为他身上那股与生俱来的、对命运的驾驭感。

在风险很多的世间，能够安心地享用纯粹的乐趣，不再试图归纳人生的段落大意，实在是一件很困难的事。

我周围有许多人——包括我，都乐意把自己经营成一爿生意，我们竭力从阅历、阅读、阅人中提炼出实际功用、世俗智慧，甚至有趣谈资也好。刚学打扮的小姑娘，总是要把每种眼影都上色一遍的，她手头统共只有这么些工具，舍不得不物尽其用。刚动笔的新人，也总是沾染着一种要把话说绝的狠劲儿，觉得这样才酷。导致我很羡慕罗素或是泰勒斯之类带有哲学意味的行文方式，它们多半轻描淡写，好比我绝不会为我的信仰而献身，因为我可能是错的。像没落的绅士摘下宽檐帽，欢快地行了个礼，又飞扬着走远了。

捉摸不定的爱情、吊儿郎当的旅行、为爆米花而生的电影，它们都属于“有意思没意义”的族群，都是取用时标明了“量力而行”的存在——缺乏安全感的人，请勿近身。

像胡适，他总把爱情放在最后，甚至放在所有萍水相逢的男性以及爵士乐团之后。一个旧中国乡村里长大、成长期为经济问题困扰的人，是舍不得坦然地享受爱情的，爵士乐团都有可能成为跟特定人群的谈资、建立某种社会关系的垫脚石，爱情却是一个纯然的把玩的物件，他不好意思对自己那么好。

毛姆在出名后感叹说，以后去度假，总算可以没心没肺地躺沙滩上，不必费心策划景色描写了。大众的旅行、恋爱、叛逆，都近乎“主题先行”的行为艺术，只有对命运持有充沛安全感的人，才能让骆驼站在拖拉机上，走过两个时区。但话又说回来，只有活给自己看的人生，才能够剥离掉虚荣心、表演欲、自我感动的外壳，露出一点赤胆忠心。

就像我此刻说，不必给每一段经历添加有意义的注脚，这话是真心的，但放在洋洋洒洒的文末，怎么看都像是假的。

但那也没办法，有人能活成拖拉机上的骆驼，不疾不徐地，踱步在小小的车板上，慵懒地回应路人惊诧的目光；有人就只能踩着尖头靴子，不断寻找坚硬干燥的地面，好让自己不陷下去。

我也只能让自己不陷下去。

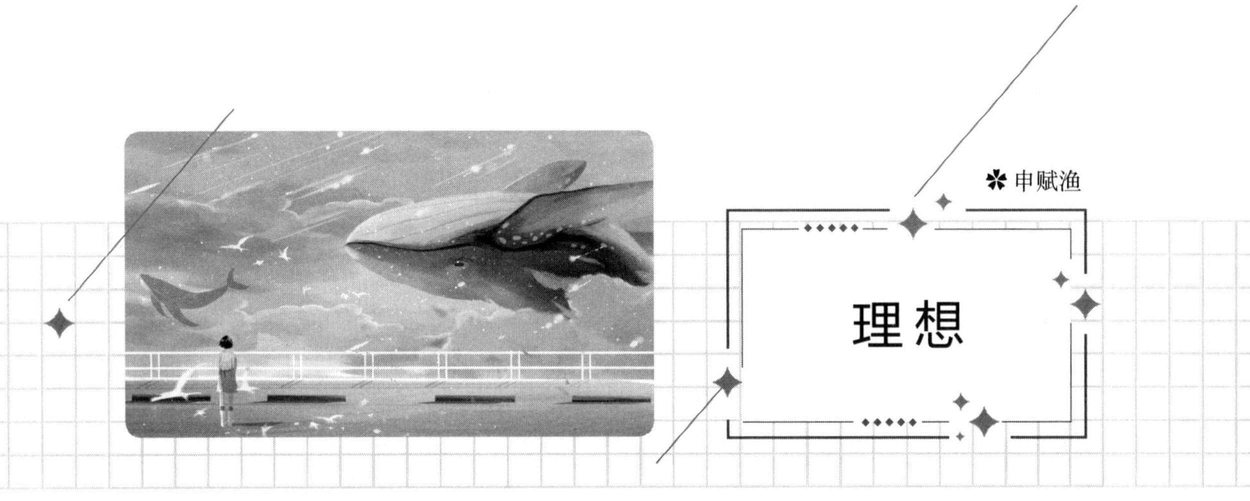

理想

申赋渔

小学五年级的时候，有个想法在我心里慢慢成熟了。

我有了一个理想。

说到理想，就要说到碗小。我曾在书里写到过他。没有他的逼问，我可能就不会有那么清晰的回答，那我的人生也许会是另一个样子。

父亲在电话里无意中说碗小回来了，在镇上摆个摊子卖竹器。因为过段时间要去法国，我早就打算回老家一趟，于是星期天就回来了。回到家，天色已经晚了，邻居用电动三轮车把我送到镇上。街道上人不多，显得有些空，有些摊主已经在收拾着准备回家。我沿着街，一个一个的摊铺逛过来。除了卖钉耙锄头、大大小小的菜刀、凳子椅子、瓜果蔬菜的种子之类，城里才时兴的吃的穿的也有。

逛到大桥的桥头，我四处张望着，父亲说碗小在这附近。

一根水泥电线杆子的旁边，有个用蛇皮塑料纸搭成的棚子，下面的地摊上摆了许多筛子、席子、簸箕和竹匾，做得都很精致，旁边坐着一个中年男人。我正看他，他也抬起头来，是碗小。

“你回来啦？”我走过去。

碗小是我小学五年级的同桌。上次见到，还是他在澡堂子里擦背的时候。之后听说他的老婆跟一个唱戏的跑了，他出去找，一连几年杳无音信。我还专门到他家去过，他的母亲与儿子在。他母亲抹着泪跟我唠叨了好久。没想到，他回来了。

碗小跟几年前相比更老了，脸上的笑容也不见了，皱着眉，像是对这一切都有着莫大的厌烦。看到是我，他立即站了起来，朝我点点头，脸上的神态有些尴尬，他并不想见到我。

碗小是西村的，五年级的时候来我们村上学，老师安排他跟我同桌。他的父亲是篾匠，有时候会做一些好玩的东西给他，竹片编的螳螂、小笼子，竹筒做的水枪，他都跟我一起玩。我们对学习都不太积极，他喜欢涂涂画画，我喜欢写作文。

老师经常在班上读我的作文，读完了，发下来，我就在里面数“g”。老师会在一些好句子底下画上连续的一串小圈圈，在圈圈的结尾处写下一个漂亮的字母“g”。“g”是什么意思我不知道，总之是极高的表扬。写的“g”越多，这篇作文就越好。

我每个星期都在焦急地等着作文课。放寒假前的一次作文课，老师布置的题目是“今年冬天”。到讲作文的时候，老师又读了我的，可是这次并不是表扬，是批评。

“‘寒风凛冽、北风呼啸、阴风惨惨’。”老师说，“开头用排比句的方式，是好的，可是不懂的词，不能乱用。‘阴风惨惨’是什么意思？是说死人的。”

“老师。”我举手站起来，“我在书上看到的，说南京雨花台‘阴风惨惨’，说的是敌人，不是死人。”

“你坐下。”老师生气地说，“我们村的这个冬天，哪来的‘阴风’？哪里‘惨惨’了？还敌人，敌人在哪里？”

不久就放寒假了。寒假过后，老师不再读我的作文，作文本上的“g”也没有了。每次作文本发下来，我急切地打开，在作文的最后，只有一个潦草的“阅”字。老师不喜欢我了。当他不喜欢了，作文的好与不好也就没有了意义。我不知道，面子是老师的权威，是他最重要的东西。我让他失了面子，我也就失去了一切。面子的重要性，我要在以后漫长的岁月中去慢慢明白。

作文是我的荣耀，如今这个荣耀被老师拿走了。人们不再听到我的文字，老师现在朗读的是另一个人的作文。他矮矮的，有一个硕大的脑袋。在此之前，他的“大头”还是人们嘲笑的对象，现在，已经成了聪明的象征。原本属于我的作文课，现在变得跟我毫无关系。

只有碗小知道我受到多大的打击，只有碗小支持着我。每次他都认认真真地看我的作文，并且给予真诚的赞扬。

“你写得好，比大头的好。”

他的话给我温暖，也使我终于没有自暴自弃。因为有他看，我才能每次认真地写我的作文。我装着不太在意他的评价，这个我小学五年级时唯一的评价。我甚至装着已经不关心作文这回事了，我只是在暗地里努力，想一切的办法来写好作文，要压过扬扬得意的大头。

嫉妒是一种多么可怕的东西，跟我从来没有任何争执的大头，竟成了我的“敌人”，我藏在心里的“敌人”。到今天，过了三十多年了，我还记得他，只是因为他的作文比我的好。

很快就放暑假了。刚一放假，碗小就来找我。放假了，我们就要分开了。我们读的小学只有五年级，下面就要读初中了。我们不在一个中学，我们就要分手了。他送我一只用青篾子做的蛐蛐笼子。我想找一件东西送他，送我这个最好的朋友。我找了半天，送了他一本小人书。

这本小人书已经撕得很破了，是爷爷一页一页粘上去的。我因为小人书跟同学打了一架，我费尽心血收集来的一百多本小人书被父亲在狂怒下撕掉了。爷爷花了几天时间，只粘了这一本。除了这本小人书，我没有一件好东西。

太阳晒得很，我送碗小回家。在我们村和西村之间，有一大片的蓖麻地。蓖麻有两米多高，一棵连着一棵，在广阔的田野里形成一个阴凉的世界。偶尔有风吹过，手掌一样的叶子翻动着，阳光一闪一闪，然后又静下来。

我们走在蓖麻的底下，像走在森林里。这下面完全是另一个世界，属于我们的世界。各样的小虫和不擅飞的小鸟，不时地在我们的旁边钻来钻去。

“碗小，你长大了要做什么？”我问他。

“不知道，你呢？”

我没有说话。

碗小催着问："你先说。"

"我想当文学家。"

当时的我，并不知道"作家"这个词。我更熟悉的是"文学家"。因为课本里介绍鲁迅是"伟大的思想家、革命家、文学家"。"思想家"与"革命家"我更不懂，但知道当不了，就选了"文学家"。我后来在说起我最早的理想时，说我想当作家，那是因为我已经知道作家与文学家的区别，我已经知道文学家是多么的遥不可及，提也不敢提了。即便是童年的梦，也不能说了。说出来，只是徒增笑柄。梦想就是这样，年少时觉得很近，年龄越大，才知道离你越远。

在无边的蓖麻地里，我们坐在一个小土堆上。我们真诚地谈着我们的理想。碗小说："我要戴手表。"

他把手举到我面前，指着手腕上一个黑痣说："你看，这是手表痣。说明我长大了会戴手表。"

他是笃定的。我看了他手上的痣之后，我也相信。

在村子里，只有村主任或者从乡里面下来的干部才会戴手表。跟他的志向相比，我的理想是虚的，空的，缥缈而不实在的。可是这对我和他都重要。我甚至是为了感谢他对我的信任而立了这个理想。现在想来，我们都向对方说了一个没法实现的梦。可是在当时，在夏天的蓖麻地里，我们两个人，都是信心满满。感觉只要从这块地里走出去，我们要的这一切就会实现。谁会想到，出了这片蓖麻地，我与碗小一隔就是三十年呢？上天给了我们三十年，来实现我们各自的理想，可是当我们再见时，除了各自心里累累的伤痕，我们一无所有。

三十年后，我在镇上的澡堂子里见到了碗小。他在给人擦背，我是一个四处奔波的小记者，我们就在澡池子里聊天。我们谁也不好意思提我们当年的理想，那是我们最后分别时说的话，我们都记得。可是我们只能装作对生活很满足的样子。那天在澡堂里跟碗小分别之后，我彻夜难眠，我又想起了我少年时的梦想。

我睡不着，从床上坐起来，披了衣服，到窗口站着。老家的夜是黑沉沉的，一点灯光也没有。远远有几声犬吠，因为夜行人很快就过去了，叫声也很短促。我忽然就流下泪来。我已经好多年没流过泪了，突然就觉得悲从中来。

碗小让我看到了真实的自己。三十年前，信心满满，什么都有可能，可是三十年一过，人生的真相就慢慢显现了，你甚至不能在任何人面前表露出你的不甘。你只能这样，装着快活的样子过你庸庸碌碌的生活。

雾气蒸腾的澡堂子里，碗小热情地邀请我去他家，我心情不好，拒绝了。

等过了一段时间，我再回来，去找他，可是他不见了。他的妻子跟着一个唱戏的跑掉了，抛下他，抛下他们的儿子。他疯子一样去找她，他一去不返。我不知道这五年来，他经历了什么。现在，他又出现在我的面前。

我们没有说几句话，他也没有像五年前那样请我去他家坐坐。太阳渐渐落山了，隔壁的人们开始收摊。碗小手指上夹着烟，他没有抽。他斜着身子站着，一动不动。烟在他垂着的手指间慢慢燃着，烟灰一点点地增多。

三十多年前，我们在无边的蓖麻地里挥手告别，然后，钻进碧绿无边的蓖麻地，像猛兽钻进森林。此刻，长长的街道上，一阵大风刮起了满天的灰尘，几滴雨落了下来。碗小赶紧收拾他的地摊，我跟他打了个招呼，怀着一种说不清的失落，转身回家。

✲ 黎饭饭

哭得最惨的那一天，你一定长大不少吧

1

高二那年夏天，我第一次彻夜未眠。

凌晨一点多，被我妈从床上晃醒，她慌张地说：“我带你爸去一下医院，你拿着这个手机，有事了和你联系。”

当时还带着困意的我晕乎乎地答应着，随后就听到了救护车的声音，几个陌生人敲开门，拿凳子做担架，将倒在地上的我爸抬走。

我就是在这一瞬间突然清醒，看着我妈和被抽去了意识的爸爸消失在电梯里，很久之后，那些只言片语还在空荡荡的屋子上方盘旋。

“你爸在卫生间摔倒了。”

“我本来以为没事的，没想到他一直醒不过来。”

……

我不敢踏进他摔倒的那个卫生间，也不敢回到床上继续睡觉，只好坐在窗边看立交桥上来来往往的车辆。

夜晚的城市还是很亮，每辆车都在飞速地奔向远方。我望着立交桥不住地流泪，也不知道在哭些什么，然后疯狂给我能想得到的朋友打电话，可因为是半夜，没有一个人应答。

早上六点，我妈终于打来电话。“脑出血……”她说，“还在抢救，医生说送来得早，应该能救回来……你先去上学吧。”

我走出房门，感到外界有一种恍惚的不真实感。无论是早餐摊上的叫卖还是小孩子的追逐打闹，抑或是出来晨练的老年人，都和我隔着一层透明的膜，听不清楚也看不真切。

2

那天之后，似乎一切都改变了。

升入高三，正好班里开门的同学转入了别的班，于是我找老师要了班级的钥匙，开始了早出晚归的日子。

其实并非旁人看上去的那么努力，我只是为了让自己忙起来而已。当你有目标时，就会忘记一些事情。

拿上钥匙后，我便可以顺理成章地最早起床，最晚回宿舍，不用和其他人一起吃饭，也不用向谁吐露心扉。

一直到了大学。

我开始思索我能做的事情，这四年的打算以及未来的出路。在发现自己写东西好像还可以之后，我抓住各种机会投稿，在

蝴蝶终究在破蛹之后长出翅膀，垂死的大鸟经历了炽热的火焰方能重生。

深夜里写完一篇又一篇文章，也曾和甲方为一两百块钱而争执……

身边的同学一到寒暑假就会欢欣鼓舞，因为放假等于休息，等于自由，等于更轻松的生活。但对我而言，放假意味着要担负起家庭的责任。

要去医院，要陪爸爸做康复，要成为一个能独当一面的人。

后来很多次我都觉得，我的人生早从坐在窗台上疯狂大哭的那天就改变了，好像原先设定好的轨道突然间被调转了方向，驶入一片未知的迷雾。

3

长大不是一个过程，长大是一瞬间。是你让眼泪带走过去的自己，然后直面或复杂或惨淡的人生的那个瞬间。

有一次在水房，我听见隔间的一个女生隐隐约约地在哭，她抽噎着说着："奶奶怎么会不在了呢？寒假时她不是还好好的……"

我默然，望着面前哗哗流着的水，感觉就像那些回不去又握不住的时间。

原来我们已经到了父母会生病的年纪，到了长辈们会离开的年纪，也到了不得不一个人去面对世间种种险恶与挑战的人生阶段。

小时候总盼望着的长大，原来是这般快速和残酷，还没等我们反应过来，时间就已经悄悄地将过往带走——

我们都在被迫长大。

4

哭得最惨那天，你一定长大不少吧。

经历了一个人去面对偌大世界的敌意之后，才有可能站起来，假装天不怕地不怕地朝着这个世界宣战。

你也许会有迷茫，会有辛酸，也会有独自消化的悲伤和压在日记本底的秘密。

可是不必怕，因为这是成长的必经之路啊。

如蚕破蛹，如凤凰浴火。

成长常常伴随着眼泪和痛苦，抑或说，是眼泪和痛苦造就了我们的成长。蝴蝶终究在破蛹之后长出翅膀，垂死的大鸟经历了炽热的火焰方能重生。

如果有一天，你遇到了无法承受的事情，也可以痛痛快快地哭一场，让泪水将所有委屈和恐惧带走，然后对自己说"没关系"。

因为今后的人生里，这样糟糕的事，还有很多呢。

失败者教育

✽顾一灯

我当然祝福每个人都诸事顺遂，但我想，每个人也都需要在万一面对失败的刹那，拥有从容的心态和应对的能力。

“我感觉对有些人来说，生活是在一条非常确定的轨道上跑，但我的生活好像总是磕磕绊绊的，动不动就冒出来一件事，有时候我甚至怀疑自己是不是命不好。”

“是这样的，我觉得我就没好过。”

这是我和M日常的对话。

有时候我会想，究竟是怎样神秘的力量，将两个原本毫不相干的人联结在一起。

对我和M来说，那力量是相似的跌宕的命运。

我们见过许多幸运儿，幸运的表现各不相同，但内核却惊人的一致，那就是人生非常之顺遂。

有些源于父母周全的安排与规划，上哪所大学、读什么专业、找什么工作、与怎样的人组建家庭，都多方搜罗信息，提供建议，乃至多方打点。有些源于自身的好运，随便背背考试也能过，连抽盲盒都能抽中隐藏款。

无风无浪、没有波折地度过一生，无疑是让人艳羡的事情。

但我和M却没有这样的运气。对我们来说，付出一百分的努力往往只能换回六十分的回报。

命运似乎总是在跟我们开玩笑，先给一点甜头尝尝，然后用失败将我们从美梦中打醒，让我们面对残酷的命运。

从中学艰难的考试史，到大学做科研的无尽坎坷，再到工作中面临的种种，不胜枚举。

这次与M聊天时，我又没忍住去提这一点，便是因为一次精心准备的展示。轮到我时，刚讲了三张PPT，话筒坏了，讲到第五张，PPT翻页笔也坏了。计时器仍无情地把控着时间，没有人让我停下，我只能硬着头皮在一团混乱中将剩下的PPT讲完。

往报告厅外面走时，倒也没有多愤懑，正如之前的遭遇一样，自己其实已经习惯到麻木了，只是仍不免去想，为什么当我做好了一切可控的事，却总有不可控的障碍在前方等着我?

我从小时候起，就在反复的受挫中经受着失败者教育。付出两百分的努力后终于尝到八十分的甜头，因为习惯了苦，也不觉得这块糖有多甜蜜了。

幸福的定义不再是幸福本身，而是实现辉煌的那一刻之前，恒久的痛苦与忍耐。

尽管从表面上看，我和 M 都有着光鲜的履历，有着看似美好的人生，但只有我们知道，自己背后付出了多少。

前些日子，我看到 M 转发了一条动态，大概是说，人与其他动物的不同，其实在于对意义的追寻。

人们总想赋予自己的生活一些什么，从而感受到自己的价值，并且更加动力满满地前进。

在和 M 的聊天中，我也忍不住提到这一点：失败者教育究竟带给了我什么?

很多人都会讲，如果能选择直接成功，没有人会选择坎坷的人生，那些所谓失败箴言，其实都是不甘心的人强加的产物。

但对于我们这些长年接受失败者教育的人来说，强加的证明也是证明，至少会让我们心里好受一些。

我想，我从中获得的最重要的东西，其实是越挫越勇的韧性。

因为习惯了失败，所以并不畏惧失败；因为能熟练地应对失败，所以不会失去从头再来的勇气；因为经历过各种各样的失败，所以并不觉得这世上有什么可以击败我。

这是我与接受成功者教育的人所得到的不一样的收获。

还在念初中的时候，我就认识了 M，除此之外，也有一些一贯顺遂的朋友，比如 Z。当时大家之间并没有太大区别，无非谁的家境更好一点。我们以为自己的人生，会继续在各自的方向上走下去。

进入高中后，Z 在实验班遭到了很大的打击，然后选择了“躺平”。在食堂闲聊时，我试图劝她：我遭遇过比这惨痛很多倍的失败，请相信我，如果去坚持去努力，虽然不一定能获得等价的回报，但总比什么都不做要好得多。

但后来我发现，这种劝慰是徒劳的。她曾经高昂的心气，已经被迅速地磨到什么都不剩了。再后来，她走向了完全不在我当年预想里的人生。

或许也是幸福的，但当年她说起梦想时，眼里的光是诚挚、纯粹到不含一丝杂质的啊。如果能多撑一会儿，会不会变得不一样? 可惜，我们都没有机会看到了。

我们当中的绝大多数人，都没有能力预判自己的人生。别人眼中的成功者，也可能在某天被猝不及防的失败教育。

我当然祝福每个人都诸事顺遂，但我想，每个人也都需要在万一面对失败的刹那，拥有从容的心态和应对的能力。

我们不想要那重击，但我们不得不去经受并惠存那重击。

“可能我就不是那种事事顺遂的人吧，别人轻而易举得到的东西，我就是要费很多周折才能得到。但这个过程其实塑造了我。我可以逃避，可以‘躺平’，但我选择了去面对它，才成长为更好的自己。”

“是啊，我们都不是那种会被打垮的人，也许当时会被打倒，但总会爬起来，继续坚持，一次又一次。不过在这个过程中，我还是需要偶尔发发疯。”

“不错。需要发疯的时候，请随时找我。”

“那必须的。”

这是我和 M 对话的结尾。

✼洋气杂货店

人生，最终还是得自己成全自己

1

考研成绩出来，大学室友告诉我，此前班里一个女生考上了一所知名大学。刚下班的我很是震惊:终于，我们再也不一样了，哪怕我们坐在同一间教室里四年，如今我们终究是不一样了。

一位诗人曾这样写道：金黄色的树林分出两条路，可惜我不能同时去涉足。我选择了人迹罕至的一条，这从此决定了我的一生。

而我选择了短期内很轻松的一条路，从此决定了我和她们完全不同的人生。

很多人的关系就像做过几年同学一样，不过是一段同行一段擦肩就没有了。我们走到后面才会感叹：当时我和她还是老同学呢，只是现在完全不同了。

有很多学妹问我为什么不考研，我说自己不喜欢枯燥的教科书，只想看所谓有兴趣的闲书，也想早一点实现经济独立。

或许很早就知道自己不要什么，才会早早实习，早早碰壁。自己选择的路，再难我也无法把责任推给任何人。

偶尔听到别人的成就，我那本来坚定的心也会有一丝丝动摇。面对这份动摇，我只能把每一天的工作做好，多看一点书，多做一点事来缓解焦虑。

我知道，人最终还是要自己成全自己。

2

十几年的校园生活里，大家已经活成了不同的样子。

小时候那段长长的被所有人忽略的透明的日子，我再也不愿去经历。过去的种种，犹如一件湿衣贴在身上，我用指尖轻轻提起来，刚一放手，它又贴了上来，好不舒服，唯一的办法只能是努力去寻找阳光。

为了被人知道，我需要变得闪闪发光，需要熬过一个个不为人知的黑夜。

为了被人在乎，我需要变得很重要，不再被别人随意对待和忽视，卑微到尘埃里。

我高中时看过一部电影，一直记得其中的一句台词：要让爱情成为动力，让自己变得更厉害更漂亮。每个方面都变得更好，那个人就会自己回头看你。

他会自己回头看你，其他人也都会看见你，前提是你自己要变得更好。

3

由于考试出现意外，室友考研失败，和我聊了很久后决定明年继续考。

或许人的生活就像是投资品的价值一样，是存在均值回归的。那个均值，就是自己内心最深处的冲动，就是当下每一天我在疲惫之余，还依然坚持去做的事情。

复习的那段日子，我和她天天一起去教室，见证了她这一路走来的付出。有人在复习过程中崩溃大哭，说要放弃后又接着背起书来；也有人考前直接放弃，不声不响。可她的状态一直很好，也有一定的信心。

支持她的同时，我也很佩服她。

长大后，很多人除了生存，已经忘记自己想要的是什么了。而她，既有目标又有强烈的决心，挺好的。

梦想家只能在月光下才能找到前进的方向，他为此遭受的“惩罚”是比其他人提前看到曙光。

以前我想要什么从不表现出来，最终也往往不了了之。我不愿去祈求别人，也不愿让别人看见我的狼狈，骨子里有一种假模假样的清高，内心深处还有一种不愿示人的自卑。

回首白开水一般平淡的二十多年，老老实实，没有无畏地做过什么不该做的事；本本分分，没有什么精彩的青春故事可言；埋头学习，没有惊心动魄的爱情故事。我就是别人口中乖巧听话的女同学，却也没有拔尖的成绩。

有人住高楼，光芒万丈；而我在深沟，一身铁锈。

4

想起毕业前实习的日子，宿舍几个人分散在不同的城市，偶尔聊一聊日常，偶尔说一说自己的烦恼。大家除言语上互相鼓励以外，好像什么忙也帮不上，所谓救赎也只有自救。

记得以前在宿舍里聊天，谈及毕业后要去哪里，我们几个人互相劝说，希望能在同一座城市，甚至是住在一起。后来发现，现实中总有太多不确定，很难做到当初的设想。

慢慢地，我们也都接受了这一现状，在各自的工作岗位上辛苦忙碌着。

天马行空、独来独往，再也不和另一个人或一群人绑在一起。

有时候我会想，自己究竟想要成为什么样子，究竟想过什么样的生活。偶尔想随意一点，偶尔也会被别人的光环所吸引，想变得更好。

或许人的生活就像是投资品的价值一样，是存在均值回归的。那个均值，就是自己内心最深处的冲动，就是当下每一天我在疲惫之余，还依然坚持去做的事情。

我们想变得好一点，还是得自己成全自己。

✽猫哆哩

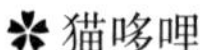

我曾以最笨拙的姿态，同这个世界抗衡

17岁时，我崇拜着林俊杰，梦想是做个行遍千里路的歌者，渴望为喜欢的人唱自己写的歌，向往着委身于真正不受束缚的境地。然而青春期里的梦想总归缥缈，现实却是我不得不整日按部就班地过着同万千高中生一样的生活，日子被圈在学校、食堂和家的三点一线里，像极了每次展开旧木门时重复发出的吱呀声响，既枯燥又乏味。彼时的我仍坚信着，书本与知识始终成不了我用以行走江湖的利器，唯有流行乐曲能够拯救逐渐隐没于平凡的自己，全世界只有一个我，而我从来不甘愿过着如此黯淡无光的人生。

还记得初中时那家开在放学路上的音像店，我在背着书包走过的某天黄昏偶然听到了《江南》。十几岁的我跟着节奏踩着老街上凋落的梧桐叶，鼓点的伴奏声仿若一阵抚过所有青春伤口的暖风，明明是不懂得爱恨情仇的年纪，却偏执地以为音乐便是叛逆期里能使伤口愈合的唯一良药。

那天，我用攒了好久的零用钱买了一张林俊杰的磁带，又用学英语的借口软磨硬泡地向妈妈讨要了随身听，每夜都要喃喃着歌词入睡，白日里也时常捧着记满乐谱的本子写写画画。长此以往，整日痴迷音乐的我也逐渐从入学时的全年级第11名，掉落到年级排行榜首页都看不见，班主任不止一次地找我谈话，将从我桌斗里搜出来的随身听和耳机一并摔在办公桌上：“你这样不成器，简直辜负了大家对你的期望。”

那一瞬间，不甘与愤懑如同心中不断拔节的春笋，我头也不回地走出教师办公室，用满不在乎的腔调回应：“谁需要你的期望？”

奔出办公室后的我径直走向教学楼的顶层，掏出随身听，任耳机中的曲调将我的整个世界淹没，随着节奏喊出困兽之斗：“如果我冲出黑幕笼罩的空中，就别想再捆绑我的自由！”天台的角落里没有听众，我听见自己的声音回荡在地平面与十三楼的高度之间，天空很蓝，而我从未感到如此畅快。我将十八岁的自己设定为怀有赤子心的孤傲追梦人，竭尽一切精力去创作歌词，不接受劝解，不在乎成绩。

曾有过的那段叛逆如同梦一场，时光翩跹而过，我终于在那片名为年少的海洋里找准了人生的航向。

我一直都保持着这样我行我素的状态，直到升入高三那一年，工作繁忙的妈妈第一次抽空来参加我的家长会。我有些欣喜，但更多的是担心，担心不断下滑的成绩和排名让妈妈对我失望。

彼时的我忐忑不安地站在教室门外，透过玻璃窗窥探着教室内的动静。我看见在班主任走到倒数第三排的位置同妈妈言语着什么，我看见妈妈掐着成绩单的指节泛白，表情黯淡。那是我第一次感到心中隐隐作痛，妈妈眼中的我一直都是个懂事又安分的孩子，现实却是这般模样，我又该怎样将最好的一面呈现给她。

家长会结束后的回家路上，我与妈妈并肩而行，入夜，城市的街巷逐渐染上灯火般的光点，我们身边有车辆不间断地穿行而过，我想解释些什么，却根本不知该如何开口。走到楼下时，妈妈望着我家的那扇窗口停顿了一下："原来你央求着我买的那台随身听，是用来听音乐的啊……"眼角流出无声的泪，我扯下耳机线，有些愧疚地跑进黑暗的楼栋里，不敢再回头看此刻的她是怎样的表情。

那天后，我开始重新思考音乐与成绩对我生活的意义。妈妈对我感到失望的表情每天都在脑海里重现，我终于明白，也许自己一直都走错了，没有成绩作基础，音乐始终无法支撑未来的梦。后来，我又回归成从前的样子，不再盲目地执着于音乐，而是开始认真地捡起被我丢掉的书本和试卷，将曾错过的所有空缺填补上。成绩和排名逐渐回到应在的位置，只是闲暇放松时，我仍然会听林俊杰的歌以缓解压力，曾有过的那段叛逆如同梦一场，时光翩跹而过，我终于在那片名为年少的海洋里找准了人生的航向。

如今，随身听早已更新换代，林俊杰仍以歌手的身份活动在乐坛，只是早已成为无数新人的大前辈。我仍然热爱音乐，只是偶尔回望年少时那个如同困兽般胡乱嘶吼的自己，不免觉得有些可笑，却也满含着过往时代的温情。

我曾以最笨拙稚嫩的姿态同这个世界抗衡，只是年深月久，待风暴彻底席卷着叛逆而过，我才发现，原来成长最好的方式，是适当的妥协和永不放弃的热忱。

✽小　龙

梦到不了的地方也有星光

1

年少时，我的梦想是当一名赫赫有名的导弹专家。

我的高中老师曾经问我，想读哪所大学。我想也不想，便掷地有声地回答，我要考国防科技大学，将来设计出比美国陆军战术导弹更厉害的导弹系统。

彼时的我年少轻狂，意气风发，连眼神里都是毫不掩饰的桀骜。

我的入校成绩是全校第一，物理单科更是全市第一。所以我理所当然地认为，高中之旅注定所向披靡。

然而，正如有人这么解释“命运”：不能改变的过去，以及无法掌控的未来。

正式开学之后，我才发现班里高手如云，藏龙卧虎。大家对分数的厮杀，到了白热化的状态。在这样的刀光剑影中，我的物理固然独霸一方，英语却一直落于人后。因为是重点班，我们班的英语平均分在120分以上，而我的英语一直在110分左右徘徊。

有一次发英语试卷，我听见有同学在我背后窃窃私语：“他其实也就物理不错，以前还是班里第一呢，现在咱们单凭英语就能反超他。”

我不由默默地握紧了拳头，狠狠地说：“好啊，那我等着你反超我。不过，千万别让我等得太久。”说完，我故意挑衅地耸了耸肩，心底的斗志熊熊燃起。

在我的人生字典里，从来就没有“认输”这两个字。

我暗暗对自己说：既然一定会有赢家，那凭什么不是我?

我收下了别人示威的战书，自然要全力以赴。我就像古罗马的角斗士一般，要为荣誉而战，捍卫自己的尊严。

于是从那天起，我便把学习时间从晚上十一点，硬是延长到了凌晨。那时候，即使是课间，我也会抱着英语参考书认真地研究习题。无论是骑车还是吃饭，我都不忘见缝插针地背几个单词。甚至有一次，我做英语阅读理解完全忘记了时间，直到门卫老师敲响窗户，我才发现原来校园里只剩下我一个学生了。

我曾经确实摔倒过，可那又有什么？如果没有跌跌撞撞的一次次磕绊，又怎么可能锻造出一副钢筋铁骨呢？

像所有励志书中的主角一样，我笃信努力就一定会成功。可生活这本书却偏偏有个蹩脚的作者，这个作者擅于反转，喜欢波折。

我永远都记得期末公布成绩那天。

那天，班主任在班里宣读了每一个同学的名次。

唯有轮到我时，他重重叹了口气："小龙，你怎么退步到第50名了？英语居然才考105分？"

班主任的声音，穿透寒冬冰冷的空气，冲我扑面而来。我一度以为自己产生了幻听，105分？怎么可能？我的脑子里嗡嗡作响，仿佛有一场海啸正铺天盖地而来。

我还听见有同学幸灾乐祸："你们看，我早就说过他英语不行吧。当时他还不服气。"

这个声音犹如匕首，闪着寒光，锐利地刺向我可怜的自尊。我非常窘迫，不知道自己该说些什么，更不知道自己又能说些什么。

在那之后的很长一段时间里，我都心如死灰，英语成绩更是一落千丈。我甚至不止一次想过，如果我中途休学，重读一次高二，会不会更好一些呢？

我把自己的想法告诉了母亲，母亲却非常反对。

"你脑子里天天都胡思乱想些什么啊！难怪你考不好，你不想着怎样进取，居然全是在找退路！"

我针锋相对地质问母亲："我怎么不思进取了？我没有熬夜到两三点吗？我没有周末去上补习班吗？你究竟还想让我怎样？"

我心底积压已久的委屈和愤怒，全都化成了张牙舞爪的怪兽，奔腾而出。那一天，我和母亲吵得天翻地覆，我胸中的怒气狠狠灼伤了她，而我自己亦未能幸免。

后来，我曾在《荆棘王冠》中，看到过这样一句话：在这个世界上，从来就没有感同身受这回事。针没有扎在谁身上，谁就不知道究竟会有多疼。

母亲不是我，她当然不会理解我肩上巨大的压力。而我亦不是母亲，我也同样没有体谅她身为母亲对我未来生活的忧虑。

那天之后，我和母亲便开始了旷日持久的冷战。

高考填报志愿时，我执意填报了离家很远的一所大学。那是一所普通的二本，却也是我最有把握的学校之一。

拿到录取通知书那晚，我终于卸下平日里冷淡克制的伪装，抱着母亲哭得歇斯底里。

高考在我眼中就是一场荒唐滑稽的马戏，而我则是马戏落幕后，一个尚未卸去油彩的小丑。曾经我以全市第二的盛名耀眼登场，最终却以英语倒数的败笔铩羽而归。

我不明白，生活，它究竟为什么要捉弄我。

2

因为分数太低，我并没有进入自己梦寐以求的物理专业，无奈地学起了化学。

进入大学之后，我对学习并不用心，只打算浑浑噩噩地混日子，在考试的前一个周突击复习，完成学分了事。

那时候，我如同大海上随波逐流的孤舟，茫然无措。我常常用电脑游戏来麻痹自己，在游戏的世界中醉生梦死，一玩就是一个通宵。等到天亮时，我披上邋遢的外套，再睡眼惺忪地去教室补觉。

很多时候，我昏昏沉沉地走在路上，都会有种不知今夕何夕的错觉。明明四周阳光明媚，而我却只感到周身冰凉。

生活里的暗礁总是在人最捉襟见肘的时刻，才会显露无遗。我瞧不起这样行尸走肉的自己，却又对这样的自己感到无能为力。

就在我分外沮丧的时候，一个室友却突然神秘兮兮地问我："你知道吗？全国励志奖学金竟然有整整八千块啊，你动心吗？"

高考磨尽了我的锐气，所以起初我并未在意，只是自嘲地说："那一定很多人都在争取吧，又怎么可能轮得到我？"

谁知那个室友却异常坦然："你不试试又怎么知道自己不行？况且就算是输了，起码也能证明你是一个男人，你曾经努力争取过。"

说完他便笑了起来，而我却陷入了久久的沉思……

那天之后，我开始有了细微的转变。虽然我依旧不喜欢做实验，但我练习操作的次数，却是与日俱增。无论是滴定管的调零、容量瓶的定容，还是紫外分光光度计的校准，我都练习到了班里的最快速度。

我的认真，引起了老教授的注意。老教授拍了拍我的肩膀，语重心长地说："你不要让我失望啊！"

那一刻，我似乎听见命运的齿轮轰然咬合。失之东隅，收之桑榆。生活从来就不会辜负你。

我曾经确实摔倒过，可那又有什么？如果没有跌跌撞撞的一次次磕绊，又怎么可能锻造出一副钢筋铁骨呢？

3

今天的我，已经升职为全公司最年轻的化验室主任。回首往事，我很庆幸彼时年少的自己，曾经哭泣过，受伤过，歇斯底里过。

正是因为那些经历，才让我终于正视自己。正视自己的劣势与优势，正视自己的野心与能力。经过生活这位老师的调教，我终于成了一名合格的追梦者。

也许，有人会说，我并没有完成自己最初的梦想。可我觉得梦想本身，并不是一成不变的。在种种波折之后，我依然心怀感恩，用自己那满腔的热血，赌来了漫天星光。

没关系，我也有一段绝望的青春

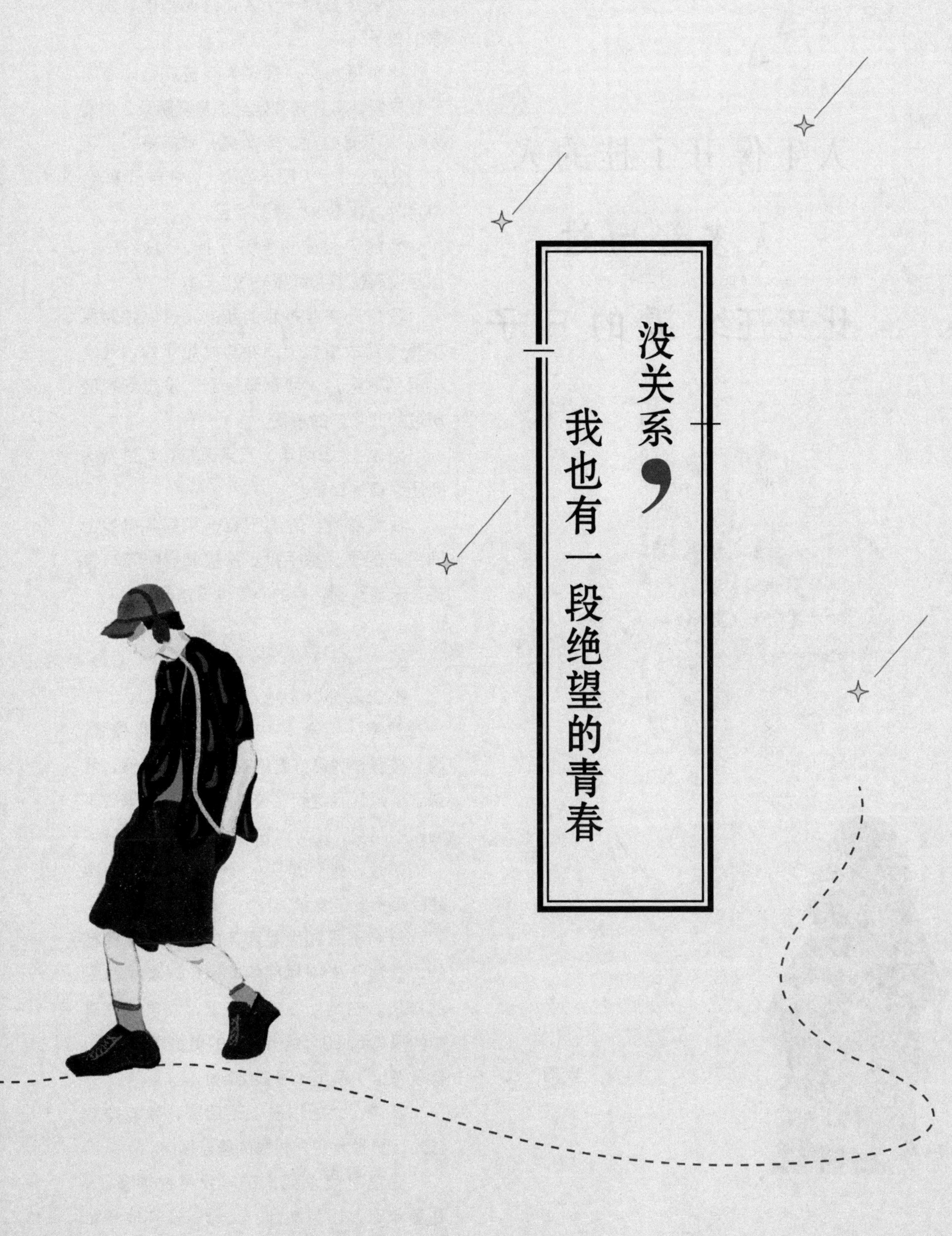

人生像开了挂的人，大多经历过比死还绝望的日子

人生不是电影，总是能剪辑出最精彩的情节，即使是电影，主人公也会经历挫折。

✽简　浅

我曾羡慕过一个人，是典型的“别人家的孩子”。

她美得出奇，很多人都曾质疑她空有一张皮囊，可只要和她坐下来聊聊天，便能发现她很有内涵，学历高，脾气好，见识广，大三出书，大四出画集，如今自己单干，每月收入让不少白领都咂舌。

她的人生简直像开了挂，对她来说，似乎没有忧愁和绝望一说。

我最近在准备我的新书，想以她为原型写一篇故事。上周我与她见了面，几个小时的聊天后，我渐渐沉默：没想到她经历过如此痛苦的事情。

她说：“那两年，我天天想死，过着比死还绝望的日子。”

我看着她，她的一颦一笑都美得如世间绝迹的画，举手投足都优雅得恍若一首诗，未曾料到，她的心上也曾伤痕累累。

/// 1 ///

不少人都以为她是富二代，实际上她出身贫寒。她说：“中学时，我只穿校服，因为校服是我最好看的衣服，到了暑假，我请求老师让我继续住校，因为这样能够省下回家的路费，还可以在假期里打工挣些钱。”

如今，她可是买一个几万元的包，眼睛眨都不眨的女孩。

贫穷不是让她最痛苦的事情，最糟糕的，莫过于老家村民的非议，以及同学们的排挤。在她所在的村子里，女孩读完高中的只占到10%，能上大学的更是寥寥无几，甚至考上了家里也没钱给她们读。

她说，之所以暑假不回家，除能挣些钱外，更是能避开村民的恶言相向。

言语是能杀死人的。我见过很多人，在童年时，因为教师、父母以及其他长辈

的不当言论，留下一辈子的心理阴影。她最后一次回家，是大一过年时，因为家里借钱给她交的学费还不上，大年三十晚上，父亲的头被讨债人按在地上，满脸黄土。

好好的年，一家人都在眼泪中度过，最后，父亲红着眼说："求你别读书了，再读下去，我和你妈都会死的，我们没钱，也借不到钱了，更还不起钱了。"

大一下学期，她开始拼命打工，受过很多委屈。为了赚钱,她去过酒吧当服务员，有天晚上被喝醉的客人骚扰，酒吧经理也不帮她，她吓得拿啤酒瓶砸了客人的头，险些坐了牢。

她和我说起这些时，眼睛没有红，我却听得扎心。

人生究竟要经历多少苦难，忍受多少折磨，才能磨砺出我们期待的模样?

不管经历多少苦难和折磨，你一定要期待，一定要坚持，因为最终的模样会比你想的更美。

/// 2 ///

我为什么总是告诉你千万不要放弃努力，不是害怕你输，而是害怕你输不起了。

绝大多数人的一生都平平淡淡地活，没有惊心动魄的故事，没有艳惊四座的成功，自然，也不会有比死还绝望的人生。我之所以要让你努力，并不是要求你一定也要像开了挂般，获得让大多数人都羡慕的成绩，而是希望你拥有抵抗生活磨难的底气。

有句歌词叫：死不了就还好。

我总想起那些站在光环中的人，不敢想象，他们究竟经历过多少痛苦，才能拥有笑对一切的底气。

如果我和你说，有个作家拿过鲁迅文学奖、老舍散文奖、传媒文学杰出成就奖等国内顶级文学奖项，你会认为这是怎样的作家? 你一定会认为：他在文学上的成就，简直是开了挂，人生估计也不会差。

这名拿下无数文学奖的作家叫史铁生，是一个自称职业是生病、业余在写作的作家。

我在阅读他的《我与地坛》时，被他的描写所震撼。我时常在想，人生如此痛苦的一个人，是拥有怎样的勇气和毅力，拿出纸笔，一页页写作。

他 1972 年瘫痪，1981 年患肾病，1998 年被确诊为尿毒症，需隔日透析，才能活下去。有多少人能忍受这样的痛苦?

史铁生在痛苦中活着，写下一篇篇经典作品，直至逝世。

通过他的文字，我们也没有勇气说出“感同身受”这个词，他在 1998 年后的每一天，都在与死亡做对抗，所承受的痛苦，怕是身体健康的我们一天也忍受不了。

/// 3 ///

这世上，开挂的人毕竟是少数。很多我们在现实中看见如同开了挂的人，都经历过你未曾想过的绝望。

人生不是电影，总是能剪辑出最精彩的情节，即使是电影，主人公也会经历挫折。

我们总是在羡慕他人的生活，羡慕那些仿佛活在天上的人，殊不知，他们也曾在地面上爬行，皮肤上也曾布满肮脏的泥泞，甚至伤口一次次被划破，来不及结痂又鲜血淋淋，最后落下永不消失的伤疤。

生活有很多种，该选择怎样的生活方式是你的自由，在有限的时光里，愿你能珍惜所有的美好，希望有一日，你的人生没有那么多苦难，也能像开了挂一样精彩。

写给旧时光里的我自己

✻琦　惠

今天，阳光很温暖。我为了做出漂亮的手账，特意制作了一张彩铅色卡，以便在本子上绘制简笔画。我从不断地试色到调整彩铅的排列顺序，再到做颜色采样和编号命名……虽说耗费的时间比较久，我却觉得很快乐，而且，还因此想到了你。我知道你并没有那么喜欢画画，甚至为此而苦恼。你像所有的少女一样,考上大学之前，有着各种担忧。比如你会为了要继续学美术而愁眉不展，忍不住想要咆哮。你还总担心因为地域差异，饮食会不习惯。当然，你也会害怕来自五湖四海的同学各有各的脾气，难以相处。

不安的情绪随着绿皮火车奔波了一夜，当你站在校门口时，便没有如想象中的那般兴奋。再加上将你安顿好的父母又在此时说了“拜拜”，于是，你很不争气地哭了起来。嘿，现在想起来，还真是搞笑。不过，我再想想，这也不能怪你。

毕竟，在当时，你并没有预知未来的能力。你并不知道，到了一座全新的城市，从18岁过渡到19岁、20岁，慢慢走进成人的世界，其实并没有那么可怕。相反，这是一件很有趣的事情。

是这样吧？当时，在学校的小操场上，各大社团的招新场面是不是就像大杂货铺？你被《灌篮高手》的手办所吸引，在动漫社的摊位前驻留了一会儿；接着，你又跟随甜美的声音，走到广播站的海报前若有所思；见到琳琅满目的杂志后，你还跟文学社的社长寒暄了几句。最后，是那支话筒的出现让你放下了所有的犹豫，将自己的名字写在记者团的招新报名表上。而经过初试、复试等各种比拼后，你终于在许多竞争者中脱颖而出，成为一名光荣的校园记者。也是自此开始,这个举动开启了“蝴蝶效应”，让你的大学生活完全成为一部精彩的校园偶像剧。

所以啊，我觉得很好，你完全不用后悔这个决定。即便在许多人眼里，你可能是个怪人，总是不务正业。他们也不太喜欢和闲不住的你比肩而立，你还为此偷偷流过眼泪。但是,我还是想告诉你:你没有错！他人眼中孤独的异类其实活出了真正的自我，我觉得你很酷。

更何况，为了保证校园新闻的时效性和真实性，你总是出入各种活动场合，这完全是从另一方面培养社交能力呀。假如没有这些体验，日后，你怎么会认识那么多好朋友，并能时不时地聚在一起谈天说地？当然，你也就没办法开阔自己的眼界，学到更多技能，点缀自己的青春。

什么？你说不相信我的话？那就试试看啊——

“左边方阵转换队形不及时！”哪怕还在发烧，你依旧站在主席台上举着大喇叭吆喝，让自己制订的运动会开幕式方案得以完整呈现；“大家可以看到，我身后的这座旧楼就是事发地点。”你站上了模拟采访大赛的舞台，拿到了第二名的好成绩；“综上所述，我方坚定地认为对方理论不成立。”每一次辩论赛，你都是二辩，喜欢诡辩。再后来，你不仅拿到了绘画、演讲、征文等各类奖项，还成了学生会副主席，亲自策划了毕业晚会。

可比起记忆中的辉煌，你最珍惜的是那群伙伴吧，我知道的。每一次筹备晚会的时候，你们都会一起聚在舞蹈房里。那里面有架子鼓和吉他，有汽水瓶和温暖的阳光，有你们之间才会懂得的默契和笑话。而每一次活动顺利结束后，吃货小分队就会出动，哪怕已是凌晨时分，你们也一定会在路边摊吃烤串、再去KTV庆功。

那些你对未来莫名的担忧和惊慌，都在与他们对视的笑容中慢慢地消失。既然如此，现在的我很想友善地提醒你一句：“这些都是你生命中的‘小太阳’，往后的日子里很难再遇到这种随叫随到、陪你疯、陪你闹、十分纯真的朋友了。那么，请你务必不要‘重色轻友’，一定要学会珍惜。”

毕竟，时间真的是贼，它偷走的东西并不会归还给你。就像现在，我已经不讨厌绘画课和设计课，却再也没有机会走到教学楼五楼左拐第二个教室上课。时光并没有还我一屉月光，让我重新把心里那盏叫作“遗憾”的灯点亮。

不过，我想就算有机会再次走进那间教室，老师应该还是会夸奖我的吧。提及这些，真是要感谢你呀！谢谢你就算不是个热衷研读功课的学霸，也好歹曾是个天马行空、有趣的人。有一次，老师要求做一个橱窗设计，你和舍友同组。她本想做运动题材的照相馆，可你一瞧：得了，单纯制作那个植物墙就很费劲。于是，你便出了新的主意，对舍友说：“做婚纱题材吧！阿布，你去网上下载几张婚纱照，缩印出来，其他的道具交给我，放心，一定会得高分！”你去学弟经营的饰品店借了化妆盒、星星灯、小摆件等各种玩意，第二天一大早，又将阿布从被子里一把拽起来，偷偷去校园的花圃里摘了一些花儿，撒在了模型中。如此用心良苦，自然像以往一样，你又得到了赞许。怎么说呢，好像你的生活一直都是顺风顺水，除了曾因为一个男生暴瘦10斤。

然而，这才是青春呀，有甜亦有苦。你大可不必事事追求完美，有时候，缺憾也是另一种圆满。因为，那些成熟的样子，你早晚都会遇见，但是热血的“中二”精神只有那个年纪才会有。

也正因此，亲爱的，假如有学弟、学妹问你：“大学生活是什么样子的？”你一定要告诉他们：“哦，它很丰富、很奇妙、很容易让人发现真实的自己，你要用心去体验呀！”而不是去说：“它真的好无聊、好空虚，玩乐度日即可。”

我相信你做得到，亲爱的。不，你已经做到了。于是，此时此刻，我再想到站在旧时光里的你并未感觉到心疼，更没有替你觉得委屈。我只是找到了你很喜欢听的那首歌《爱夏》，循环播放着，望向了窗外。

你看，树和花都正在冬眠，但是夏天很快就会归来。然后，会有很多人离开大学，又有很多人进入校园。我只希望他们每个人都像你一样，回首这段经历时没有任何后悔，会很喜欢、很喜欢当时的自己，正如现在的我。

我曾是那个大家眼中的怪人

✽青石案

曾经，我特别渴望自己可以变得强大，强大到无所畏惧，强大到可以独自撑起属于自己的一小片天地，强大到即便踽踽独行也不觉得丢脸。

我一度是一个平平无奇的小透明，透明到即便是在角落里枯坐很久也不会有人发现，透明到即使缺席都不会有人在意。我没有朋友，也没有优秀的成绩，更没有值得炫耀的爱好和资本，整日独行在校园中，用“普通”伪装着不安，用默许容忍着各种忽视和“欺负”。

不记得是从什么时候开始，我成为大家口中的“怪人”，不喜欢说话，不怎么社交，时刻垂着头，一副很好欺负的样子。

为什么别人都可以开开心心的，为什么大家都可以轻易地打成一片，只有我，永远是被疏远的那个。我的成绩不好，我的相貌普通，我的身材臃肿，我不会打扮自己，不了解她们口中的偶像明星，对她们感兴趣的话题知之甚少。

“我真是一个沉闷的人啊！”我没有语言天赋，不知道如何恰到好处地和人沟通。遇到同学和我打招呼，我时常紧张到语无伦次。上体育课，大家都能找到自己的玩伴，只有我像傻子一样不知所措地站在那里。

所有的现实都给了我当头一棒——我一点都不优秀。我时常感到自卑，自怨自艾，觉得自己一无是处。

忘记自己做了多久的困兽之争，忘记自己多少次默默地流泪，独来独往。我明白自己所有的不够好，时常在自己身上找原因，却独独没有学会爱自己，相信自己，取悦自己。

我太在乎别人的看法了，即便是路过的行人的笑声，我也会对号入座地认为是针对我的。我不善于处理自己的情绪，当所有的情绪压在我的心底，我整个人都变得更加卑微，觉得自己很丢脸。

“妈妈，我在学校里很不开心。”终于我鼓起巨大的勇气说出这句话。妈妈只是稍微地愣了神，然后语重心长地问我是不是在学校捣乱了，是不是干了什么坏事。我赶紧解释“没有”，然后所有组织好的语言就这么硬生生地吞在肚子里。

“你懂得什么开不开心，还是作业太少了。”在妈妈的嘟囔声中，我垂头丧气地回到自己的房间。

疫情上网课成了我的保护伞，让我可以肆无忌惮地龟缩在自己的领地。可我啊，内心深处跳动着渴望，渴望成为大人希望的样子，渴望自己可以有谈心的朋友。

将自己的大部分时间都拿来读书，读

杂志，读史书，读闲书，我开始逐渐喜欢书中人物，被他们的情绪牵动，被他们的思想感染，被他们对人生的态度折服。一次偶然的机会，读到了余华的《在细雨中呼喊》，他说："一个人的觉醒，从独来独往开始。"他说："我不再装模作样地拥有很多朋友，而是回到了孤单之中，以真正的我开始了独自的生活。"

高二的时候，我开始真正地找到了出路，我不再执着于融入同学的小团体，不再为细枝末节黯然伤神，我开始练习微笑，练习和同学打招呼，练习如何成为更好的人。

我不再因为自己融不进同学的圈子而感到不安，而是把时间放在自己感兴趣的事情上。就这样，"独来独往"反倒成为我的保护壳。

没有同学的干扰，我可以将所有精力放在学习上。上课认真听讲，下课忙着自己的爱好，有时候是读一本图书馆借回来的书，有时候是串联历史课本与时下热播的电视剧，在脑海中勾勒出恢宏的历史版图。

渐渐地，我在语文和历史上的优势展露出来，老师开始时常在课堂上表扬我的作文，同学们也喜欢借阅我的试卷。

"你好厉害啊，读这么多书。"面对同学的夸奖，我还是有些木讷，下意识地想要低头，但还是强装镇定地回答："闲暇的时候喜欢读一些书。"

同学们还是会在课间的时候嬉笑、打闹，喜欢在老师不在的自习课上小声地说着话，我一如既往地安静得就像不存在一样，作业没有完成就写作业，作业完成了就阅读自己喜欢的书籍，或是做预习。

周遭的故事似乎和我相关，又似乎离我很远。只是我知道，我与以前相比，多了些自在从容，少了些顾影自怜；多了充实，少了无措。

寒来暑往，秋收冬藏，人生何其短，与其将时间浪费在别人的眼光中，不如努力充实自己。我花了很长时间才悟透这个道理，从囿于自己狭小空间的不安中得到解脱。

后来我们在写期末结语时，我为自己的批注是"鲜花铺满未来的路"，我庆幸自己找到自己的出路，我也愿意相信鲜花会铺满未来的路途，人生在锲而不舍的努力后，必将熠熠生辉。

期末结束后，我在同学们艳羡的目光中，作为语文、历史第一名上台发言，尽管有些语无伦次，尽管紧张到不知所云，但作为唯一一个双科第一的学生，妈妈拥有了一个体面的家长会。

老师对我的评价开始从安静、听话，变成了有自己独特的思想和见解。家长会回来妈妈给了我夸奖，我有过短暂的开心，但随即便扎进书中，继续从书本中寻求知识，汲取力量。

不知从何时开始，我身边有了朋友，也有了一起吃饭、游戏、上体育课的固定玩伴，我们在一起有时候会谈论曾经读过的书，去过的城市，然后约定等长大了要像诗人一样"烟花三月下扬州"。

课间我们会心照不宣地去楼下看青苔、看柳枝、看日光，会在放学后微笑着道别，会期待着某个节日的约定，时间不疾不徐，慢慢走过十七岁的仲夏，走向满怀希冀的十八岁，走向布满鲜花的未来。

我的手背上时常会画上一个笑脸，就像向日葵迎着日光一样，我希望自己每天都能面带微笑，每天都要开心。我始终相信，鲜花铺满未来的路，而我将沿着这条路一直走下去。

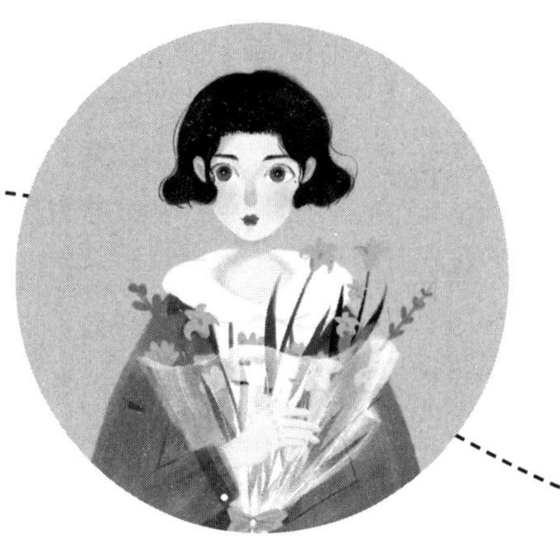

比起被看不起，我更害怕被同情

✽婉　兮

几年前的一天，我曾路过一个被小贩占领的地下通道，看见卖袜子的小摊前，趴着一个做作业的小女孩。

女孩八九岁的样子，穿着校服，书本摆放在一把窄小的高脚椅子上，而她本人则坐在矮凳上，弓着身子认认真真地写着什么。

这些小摊多卖些琐碎的生活用品，叫卖声此起彼伏。外界的喧嚣嘈杂似乎并没有对女孩构成什么影响，她时而蹙眉思索，时而挥笔疾书，连鬓角散落的发丝也来不及捋一捋。这样认真的读书场景，在那个灯火昏暗的地下通道里，就仿佛一道明媚耀眼的光，充满了正能量。

不只是我注意到了她，一个镜头对准了女孩，只听“咔嚓”一声，刺眼的闪光灯一闪而过。女孩条件反射地抬起头，“哇”一声哭了出来，然后便以迅雷不及掩耳之势冲到拍摄者面前，哭喊着说：“删掉，快删掉！”

拍照的是个年轻小伙子，挎着专业的摄影器材。小女孩忽然爆发出的哭喊明显令他蒙了，他举着相机解释道：“叔叔是记者，这张照片发出去，就会有很多人来帮你的。”

“我不要！我不要！”小女孩边哭边摇头，拉扯着年轻人不肯放他走，无奈之下，那位记者只好依从了女孩，删掉了照片。小女孩这才松开手，抽泣着擦了一把眼泪。站在一旁的我心酸不已，想要上前抱一抱她，可又怕再次伤害了这颗稚嫩而敏感的心。

那时微博上时不时会有一张偷拍的照片刷屏，多是此类底层生活里的片刻美好，以供广大网友安放泛滥的同情心。可从来没人公开问过一句，被偷拍的人是否愿意。忽然成为网红，对他们来说意味着什么。

我想，滋味应该不会太好受，这样被动的爆红多少带着些低姿态，将自身的贫穷困苦赤裸裸地揭开给大众观赏。

并非所有穷人都志短，并不是每个人都想要通过卖惨来获取生存筹码。

透析时的某一天，有个亲戚得了糖尿病住院，在内科楼三楼。趁着透析前的半小时空闲，我买了糖尿病人专用饼干去探望。

陪床的是他女儿，我称为姐姐。见了我，那位姐姐站起身，连声说着客气话，又招呼我坐，热情地询问起我的病来。

“你现在怎么样？没有什么危险吧？一个月需要多少医药费？”

问题一个接一个地抛过来，我有些蒙，还没整理好回答的思路，她又把头转向隔壁床的家属：“我这个妹妹真是可怜啊，年纪轻轻就得了这种病，也不知道还能活多久……”

那几个婶子、大妈把目光齐刷刷转向我，带着点怜悯又带着点庆幸，也纷纷开口表示了关爱和同情。

于是，来探望病人的我，反而变成被慰问的病人。我马上低落了起来，有一搭没一搭地聊了几句，就匆匆告辞了。

出了门，我还是能感觉得到自己被那些满是同情的目光追随着，浑身不自在。

实在不喜欢这种被同情的感觉，因为那些空荡荡的、千篇一律的、表示关心的话语总要将我隐秘的伤口再撕开一次，供他们找到苦难生活里的另一丝慰藉。

这样的同情无关善良，因为它总带着一丝淡淡的优越感，将两个人置于完全不平等的位置。

我是个病人又怎样，我有头脑有手脚也有思想，我并不需要从你们的三言两语里得到人世温暖。

从报纸上看过一则新闻，主角是相依为命的祖孙俩，家里的青壮劳力都在意外中死去，留下两人老的老、小的小，日子过得异常艰辛。好心人看不过去，提出要为他们搞一场募捐。

可老奶奶不假思索地拒绝了，理由是自己还有一口气在，孙儿也不算太小，两个人可以靠双手养活自己。

这样的人，其实并不少。靠着别人的同情来生活，自尊总要打点折扣。对有骨气的人来说，被同情的难受度，可能远大于被看不起。

大学时评助学金，除了出具贫困证明，还需要在班会上轮番上台讲述自己的家庭情况。通常情况下，说得越惨，越有可能拿到高级别助学金。

两三千块钱，不算多，但对一个贫穷大学生来说，可大大缓解燃眉之急。因此，为评助学金争个你死我活，极尽卖惨之能事的，大有人在。

那会儿我认识一个学弟，父亲已经不在了，靠着母亲打工供他和妹妹读书。他本已开好贫困证明，却在上台前两分钟悄悄撕毁了手里那页纸。

助学金于是泡了汤，他找了几个兼职，在食堂洗过碗、做过家教、发过传单，靠着零零散散的收入养活了大学里的自己。

我问过他为什么，他的神色有些凝重：“我只是害怕同学们看我的怜悯眼神，特别不舒服。”

那种感觉我明白，你会觉得自己处处矮别人一头，在那个敏感的年纪里，别人随意的一个眼神就能击败你所有的自尊和自信。

是的，比起被看不起，我更怕被同情。

因为随着同情而到来的，就是弱势群体的标签。而没有谁，会心甘情愿沦为弱势群体。

或许同情也是一把双刃剑吧。你自以为付出了爱心，却从未换位思考，探究过对方真实的内心世界。

看过一个故事，作者提到小时候，有个残了一只手的乞丐乞讨到了家门口，他的母亲让年轻的乞丐用单手搬完角落里的一堆砖头后，给钱作为劳动报酬。

乞丐闪着泪光深深鞠躬，他大概已经历了无数同情的眼神，在内心深处默认了自己的叫花子身份。只有那几张浸透着汗水的钞票，让他摆脱了被可怜被同情的困境，往后的人生，应该能够走得更有底气。

对身处低谷的人，请别急着去施舍泛滥的同情心，不如先俯下身来，跟他处于同一高度，再看看他的眼睛……

最温柔的善意，从来都不是赤裸裸的同情。

停止焦虑，一切美好都会如期而至

慢下来，静下来，你才能真正地体会生活，拥有自己独有的节奏，也拥有自己不二的未来。

✽不 秋

初入大学时，我给自己定下很多目标：要拿到学院奖学金，要变美变瘦，要经济独立，要竞选学生干部……然而一学期过去，我似乎什么也没有做到。

去争奖学金，最后因体测不合格被刷了下来。

每天锻炼，控制饮食，却连个马甲线都没练成。

每周六去做兼职，日结 80 元，但距离独立还是差之甚远。

去竞选各种组织干部，却一次又一次被刷了下来。

我开始有些焦虑，并将这一切归结到还是不够努力上，于是又将学习锻炼的时间继续加长。

可事实并不如我所愿，第二学期已过了大半，我却还是那个一无是处、平平无奇的我。

起初定下的人生目标一个都未曾实现，满腔雄心壮志似被一股无名冷水浇灭，再不复燃。

看着舍友们每天边玩手机边做作业，边听着音乐边写论文，看似吊儿郎当，不知上进，却可以从容淡定地说出自己的小有所成。

“我暑假用了不到一个月就考完了驾照。”

“我拿到了四级证书。”

“我参加设计比赛拿了二等奖。”

只有我，似乎没有任何一技之长。

我忽然生出几分委屈，分明我才是那个努力学习到最后一个走出教室的人，是有计划有目标的那个人，是坚持不懈的那个人，可为什么还是轻而易举被舍友碾压?

舍友江安望着我排得满满当当的计划表，不禁皱眉：“或许，只是因为你太焦虑了？四六级，驾照，教师资格证，计算机二级……你才上大学，才步入社会半只脚，有必要这样拼吗？”

“多个技能多条路啊，谁不羡慕以后坐在办公室里，喝喝咖啡敲敲键盘就能月入过万的生活呢？”

江安不赞同地摇了摇头：“我不是否定你想变优秀的心思，只是单纯觉得，这些东西对你来说，真的有用吗？”

我一时哑然。

有用吗？我其实并不确定。

我看向自己的计划表，看似有方向，有目标，实则主次不分，本末倒置，没有统一性。仅仅只是因为小 a 考了四级，我便也想要考；小 c 去考了驾照，我也跟风去。我焦虑于自己没有各种证书，没有五花八门的技能，却丝毫没有意识到焦虑的根本原因，终归是自己急于求成，对未来并没有清晰的规划。

我所做的计划满满当当，却显然并不现实。盲目去学习各种知识技能，对我的未来也没有任何实质意义上的帮助。

真正合理有效的计划，是对一生的细致规划，而不是堆砌一些五花八门的证书。努力的真正意义，也从来不是为了超过谁，而是和自己做对比。和昨天的自己相比，今天的我是否进步了？是否变得更加优秀了？这才是最重要的。

多学一点知识固然没有错，但它的作用仅仅是锦上添花。而每一天都将自己的生活安排得紧凑密集，不留一点放松时间，这样的生活方式，真的是我想要的吗？是我所期待的吗？

并不尽然。

我忽而想起老家院子里的那棵槐花树，年幼时，我总喜欢搬着小凳子在树下念书，母亲则会坐在一旁，边做着针线活儿边听我读书。

母亲说，我是家里唯一考上大学的孩子，将来一定要好好学习，争取留在大城市里，到时候接他俩也去享享福。

也是从那时开始，一颗争强好胜的种子暗暗抽了芽。

但我其实也是那种向往慢生活的人吧，只是在这个大学生遍地的快时代，我总在强迫自己快一点，再快一点，仿佛只有远远超过同龄人，才会有不可替代的安全感，才对得起母亲的一番栽培。

或许舍友说的不错，我只是太过焦虑了。争强是源于骨子里的自卑感，而母亲也许只是那么随口一说，却被我敏感的神经精确捕捉到，平白给自己施加了压力。

想通这一切后，我删去了一些不必要的考证计划，利用两天假期好好休息调整了一番，这样的缓慢也让我感觉，其实这么生活也挺好的。

有人羡慕流浪汉的自在逍遥，有人羡慕富人的奢靡华贵；有人喜欢朴素简单、细水长流，有人则喜欢车水马龙、灯红酒绿……喜欢的事物不同，追求的理想不同，但对于未来的畅想却不谋而合，都是向往快乐。

那么，对你来说，什么样的生活才是快乐的，才是你真正想要的？

你首先要了解自己真正想拥有的生活，去合理安排时间，制订计划，不要被外界因素打扰，不要急于追寻他人的脚步。

慢下来，静下来，你才能真正地体会生活，拥有自己独有的节奏，也拥有自己不二的未来。

此时你会发现，所有的焦虑都在慢慢退却，所有的美好，也会如约而至。

你不必那么独立

如果要我定义“独立”，那应该是在自己的能力范围内做好每一件事，并适度地去挑战更多的不可能。

✽西 崽

一次课堂上，每个人都要分享一个自己的小怪癖。

我分享的是：“如果迷路了，我绝对不会问路。”当时老师开玩笑说，好在有智能手机导航。结束后，其他小伙伴很惊奇地问我：“你真的一定不问别人路吗？如果你真的迷路了手机又没电怎么办？”

我尴尬地笑了一下，没有回答。

其实我不是不想问别人路，只是我真的不知道怎么开口：一旦要寻求别人的帮助，我就立马尴尬得手足无措，冷汗直冒。这个问题我从小就有，我总是会比别人花更多的时间徘徊在理发店门口，宁愿忍受网速时断时续也不愿意给网络供应商打个电话问一问怎么回事。

其实我隐约能记起来我为什么是个这么害羞的人。

我是先被外婆带着，后来跟着我妈的。这两位女士最大的特点就是非常不喜欢被别人麻烦。所以我生病了不喜欢看医生，遇到困难自己解决，我不想让我妈知道一切我造成的“麻烦”。我上大学以后，她很欣慰地跟别人炫耀说：“我女儿从来没给我添过麻烦，一直懂事听话。”听到这话时，我一边坦然地接受对方的惊奇和赞扬，一边在心里偷偷叹气……

这个特性一直延续到我第一次工作。

分配给我的工作任务，我永远只会

接受。如果遇到困难．也不会开口求救，能自己解决就自己解决，不能解决的那些，就成了拖项目组后腿的烂账。

因为这个问题，我不止一次被老板约去谈话。

我印象最深刻的是最后一次谈话，老板满脸无奈地对我说：“其实我们可以一起制订计划和方向。除我之外，你也可以去问问身边的同事，大家都会很乐意帮助你。”

直到这时我才意识到，不习惯寻求别人帮助，其实不光对我，对别人也造成了困扰。那是我下决心开始改变的时候。尽管我依然会在谈话时回避大家的眼神，但是至少踏出了“寻求帮助”这一步。

一次搬家，我尝试和平时聊天比较多的几个同事联系，请他们帮忙。出乎意料，所有人都答应了我的请求。

那天下午，大家前前后后忙忙碌碌，竟然把我的新家收拾得非常整洁。

我们在家里吃火锅、喝啤酒，其中一个女生跟我说：“其实你应该多找我们一起玩啦，人情就是你帮我我帮你的，大家关系就越来越好啦。”

我点点头没有说话，心里却莫名很高兴。

我试着更多地打开自己，更多地和别人交流，慢慢感受到了一个团队共同去解决一件事情的快乐；也试着鼓起勇气向他人寻求帮助，发现这个世界更多是善意而温暖的……开口后，我才发现其实这个世界并没有拒我于门外，反而是我没有打开自己去回应，错过了很多美好的事物。

从小到大，“独立”在我眼里都是一个很正向的词：独立女性、独立思考、独立完成一件事……后来才发现，有些独立，其实是过分独立。害怕亏欠别人，也害怕被别人亏欠。哪怕一个人的时候，也要保持超强的战斗能力。

越独立的人，往往身边的亲密关系也越少。因为他们不擅长去处理复杂的人际关系，怕麻烦别人的同时，也衍生出了一种距离感。

“麻烦”与“被麻烦”，其实是一个和周围的人建立信任的过程：相信对方能够帮到我们，相信对方不会因为我们给他“添麻烦”就生气或者不耐烦，最后要相信我们之间的关系会因为相互“添麻烦”而变得更加紧密……当我们在一次次的互相帮助中建立了这样的认知，也就建立了自信。

如果要我定义“独立”，那应该是在自己的能力范围内做好每一件事，并适度地去挑战更多的不可能。

明明我不行，还要硬撑到最后，这不是独立，是愚蠢。

如果你真的害怕麻烦别人，那就在麻烦别人之前，衡量一下这件事对那个人是举手之劳还是真的负担沉重。恰到好处地寻求帮助，真的没什么大不了。

没关系的，我也有一个疼痛的青春

现在生气勃勃、无坚不摧、熠熠闪光的我，也有一个疼痛的青春。

✽长安见你

从小到大，因为学习不好，我挨过很多顿父亲的揍，他的手因常年干农活而粗糙有力，拿起棍子抡在我身上的时候，我觉得自己的骨缝都要裂开。

我不是没有尝试着和他沟通过，我站在他身后远远的地方时刻准备着跑，我说："爸，下次我会考好的，你相信我。"

他直接将棍子扔过来，我没躲得及，一下子砸在了脑袋上，"咣"的一声，我头晕眼花，眼前黑暗一片，根本看不见路，我听见越来越近的脚步声，心里一急，抬起脚往前跑了两步，就从坡上滚了下去。

我带着浑身的尘土继续跑，一直跑到看不见他，才敢伸出手摸额头被砸出的包。

后来外婆是哭着帮我处理伤口的，她说："你就好好学习啊，为什么每次都要等考不好挨打呢？"

我没说话。

我一向是很喜欢学习的，可是我没有读过幼儿园，直接上的一年级，很多我不知道怎么读的东西，班上的同学甚至都能在黑板上默写出来，我遇到不会的题想让父母指导一下，可是他们也不会。

每次我都被骂得很惨。

"你去学校本来就是学习的，怎么还那么多不会？"

久而久之，我就不问也不写了。

上五年级的时候，我因为考试没考好，被老师用棍子打到右脸上，为了掩饰青紫色的伤痕，我借了同桌的一块花花绿绿的贴纸贴在那里。

晚上回家，父母发现后笑着说："你老师教育得对，不过怎么打脸呢，应该往腿上打。"他们不知道我的腿上也都是伤痕。

外婆摸着我的头说："小辞，以后你爸妈打你的话，你就往外婆家跑。你爸爸他不敢打我的。"

我拿着外婆给我买的新玩具，眼泪一滴一滴落在上面。

初中是我最难看的时候。

经常因为抢不到饭而挨饿，温水里泡着面包就能解决掉当天的午饭和晚饭，学校是寄宿制，出不去，我经常在半夜饿醒，心里发慌。

我脸上的颧骨凸起，头发又短又碎，眼睛因为经常熬夜补作业而黑眼圈严重，嘴唇也苍白。班主任不止一次把我叫到办公室说："你没事儿吧？脸色那么苍白？"

我们去音乐教室上课，我和同桌坐一起。

同桌是个长相甜美的女孩子，大眼睛，皮肤也白，因为是舞蹈特长生，所以成了学校为数不多留长发的女孩子之一，笑起来嘴角有两个小小的梨涡。

两节音乐课是连在一起上的，第一节课后我去了一趟卫生间，回来的时候桌子坏掉了，里面的抽屉几乎快要掉下来，要用手撑着才能上课。

我撑了一节课，下课后我收拾好书本，刚站起来，同桌说："你把桌子弄坏，怎么先走了？"

她不说话还好，一说完整个教室的人都看了过来，我尴尬得手足无措，脸红得像西红柿。

"你弄坏了你就用手撑着呗，先走什么呀？"

我听到旁边陆陆续续传来说话声，上课的老师往这边看了一眼，说："让她撑着吧，我去叫维修的师傅，你们先回教室上课。"

人慢慢都走光了，同桌走之前看了我一眼，说："丑八怪。"

我气得浑身颤抖，坐在椅子上等着维修的师傅来。可是没过两分钟，下一个上课的班级就进来了，他们像打量怪物一样看着我，直到给他们上课的老师走进来看见我。

那是个很温柔的男老师，是我刺猬一样的青春时光里，唯一对我细声细语的老师。

"没关系，你走吧，快要上课了。这张桌子不坐人就可以了。它坏了很久，你们老师没有告诉你吗？"

我站起来给他鞠躬，说："谢谢老师。"

结果头刚低下去，眼泪就落在了地上，像一个小小的湖泊。我仓皇地跑开。我看见我喜欢的学长坐在第一排全程盯着我，眼神里更多的是冷漠，他只是拿我当一个笑话。

上课还是迟到了，那是我最害怕的英语课，我在门口喊"报告"，全班有一瞬间是安静下来的，紧接着是爆笑声，我眼看着上课无望，只能靠在墙上一下一下地摩挲着手指。

没过两分钟，从隔壁班被踹出来一个男生。

我听见他的老师说："滚出去写作业。"

我和他面面相觑，我看见他的嘴角有一块淤青，身上的校服随意地穿着，脚上穿着一双很白的鞋，像是我们班同学经常念叨的耐克。

"喂，你干什么了？"他说。

"我迟到了。"

"我没写作业。"他耸耸肩膀。

"你叫什么呀？"他再次开口问我。

"我叫江辞。"我说。

他往后退了一步，说："你就是你们班那个被嫌弃的女生？"

我低下头不说话。良久，我闻到了一股香味儿，是他身上洗衣粉的味道，我抬起头才发现他走了过来。

"给，这个叫真知棒，荔枝味儿的最好吃。我刚才开玩笑的。"

我接过他给的糖，装进了口袋里。

我终于认出他了，他是隔壁班的第一名。就在我们准备说话的时候，他的老师走出来，拽着他的耳朵将他带回去了。

后来我在操场上再遇见他，他和一群男孩子一起走过来。我惊讶地发现，他原来长得那么好看。

我终于鼓起勇气和他打招呼，可是手还没有来得及抬起来，他就走了，擦肩而过的时候连看都不曾看过我。

我想，大概他是不想惹麻烦吧。

后来因为学习压力大，我严重失眠，我每天坐在板凳上看着那些穿蓝色校服的学生在楼下打羽毛球或者玩跳绳，我清醒地感觉到自己和他们格格不入。

我失去了一切能让我感到快乐的东西。

书上的题我能看懂，可是独自做的话大脑又开始一片空白，学习成绩倒是一直稳定，不前也不后。我在红色的塑胶跑道上一圈一圈地奔跑，迎着将落未落的夕阳，我想起外婆送给我那个绿色笔盒的时候说："小辞，好好学习，长大了带外婆出去看看。"

那是在我收拾东西准备回学校的前一天，她将自己做的东西都给我装在书包里，将我送到车站，明明连一米六都不到的身高，她却要抢着帮我提两个大袋子，累得满头是汗。

"外婆，如果我努力了，最终还是什么都得不到呢？"

我和她站在公路上有一搭没一搭地聊天，山上风大，将我的头发吹得满脸都是，将外婆的眼睛也吹红了。

"那你就回来，外婆养你。"她用长满老茧的手牵着我。

可是她还说："我家小辞那么聪明，一定能带我出去的。"

后来，我一个人走了很远的路，学着和陌生人打交道，想尽了方法让自己优秀一点，也终于成为一个世俗意义上成功的大人。

每当我撑不下去的时候，都会想到，在一个到了夜里周围就会黑漆漆的老房子里，住着一位只爱我的老人，一位一直等我回去的老人。

她那么好，能明白我的不开心，也会尽自己的一切来爱我。

有一年国庆，我说放假了回去找她，她提前去银行取了钱，买好肉，在院子里挂上灯泡，摆上桌子。我一进门就是满院子的香味儿，这么多年的青春，好像只是在水溪边玩了趟泥巴回来，外婆早就做好了一切等在那里。

我在青春里经历了很多次几乎要熬不下去的痛苦时刻，每一次都刻骨铭心，多少个夜晚，我在黑暗中长久落泪，但第二天，我便恢复原状，像打不死的小强一样活得坚韧又努力。

假如你也身处至暗时刻，正在经历难熬的寒冬。

不要慌张，也不要沉沦。

因为你看，现在生机勃勃、无坚不摧、熠熠闪光的我，也有一个疼痛的青春。

命运将拥有变作失去

当霜染青丝，当时光逝去时，我们的生命，也能像北方冬天的枝干一般，清晰、勇敢、坚强。

✽陆小寒

任性而无所顾忌

我内心的青春期较之别人好像特别漫长。将近十年，我都拧着一股劲，跟谁都爱作对、较劲。十六七岁时，我们从不害怕失去，因为拥有的东西够多。有青春，有父母，有朋友，有一切的为所欲为。那时我最爱说的话是："有什么了不起！"那些年，什么考第一名、被老师喜欢、听家长的话、有好的工作还有赚很多钱在我眼里都无所谓。因为青春还很长，人生也还久远，即使犯错失去都还来得及弥补。

离家出走是常事。出走得最远的一次是在高三，离全省模拟考试只有五天时间，我背起书包买了张去武汉的卧铺票就走了。火车咣当咣当走一整夜，外面的雪下得白茫茫的。中间停靠滁州，同车厢有人下去买了又香又辣的烤鸡，我啃着鸡腿，望着在站台上抽烟的人们，一种孤独感深深包围着我。我觉得谁都理解不了我，我听着 CD 里的音乐，昏沉沉地睡去。被阳光晒醒的时候，我的钱包早已不翼而飞。

最后是我爸连夜搭了飞机来找我，带我去麦当劳填饱肚子。我们已经有很多年没有一起吃麦当劳了。他看着我狼吞虎咽地吃，幽幽地开口："有什么事不要放在心里，我们是你爸妈，天塌下来也有我们帮你扛着。"

我哽咽了一下，眼泪泛到眼眶里，他便收口了，只说："吃饱了我们就回家。"

这是我 18 岁的时候，任性而无所顾忌，因为心里清楚有一条退路，就是无论我走到哪里，父母都会把我领回家。

至少看上去漂亮

5 年过去，我依然拧巴，爱较劲。我还

相信我会成为一个了不起的人，虽然有些夜里我也会在日记本上写，可能我们自以为是的天赋只够我们去做一个不错的普通人。

大学毕业后我留在武汉，薪水微薄仅供租老公寓里的一个带阳台的房间。那一年我23岁，大学里好不容易从人群里挑选出来的朋友早像小石子一样滚落在天涯。我学会自己打发时间，最爱做的事就是花一下午打扫屋子、洗床单、整理书柜，日头渐渐偏西，我满意地坐在湿漉漉的地板上，闻着房间里满满的柠檬清洁剂的清香，感受心里的安定。但这种安定都只会是很短的一个瞬间，马上我的内心就会被不安占满。担心下个季度的房租，担心上司的冷眼，担心买不起当季的衣服……我像每个漂泊在异乡的年轻女孩一样，有太多需要担心的东西，我担心活得不够漂亮，可是至少要看上去漂亮。

青春不再无所忌惮，一寸寸在失去，所以我开始为自己的生活发愁，要沾一点阳春水。

而且我知道我已经没有退路了。以前闯城市的时候，背着几包衣服就能去，干不下去的时候拍拍屁股走人，回老家休养一阵再重新出发。现在不可以了，我必须在某一个城市扎下根来，被泥土覆盖，向下生根，向上长叶，我得站得牢牢的，不被暴风雨随意吹倒。

我想起那个和我同屋的女孩，有很长一阵她失业在家，男朋友又被降职。有天中午我回家拿文件，见到她一个人在阳台上，靠着坏掉的洗衣机，坐在地上哇哇大哭。见到我，她尴尬了一瞬，继续大哭。拉着我的手哭诉："怎么办？我们连婚都结不起，我不要过这样的日子啊……"我不知道怎么去安慰她，只能说："会好起来的。"

那天我走出家门的时候，午后的风暖暖地吹着我，我的心慌慌的，莫名地失望沮丧。一直到多年后的现在，我才明白那个时候的失望沮丧是什么。我发现我在失去青春的同时，也一点点失去天真。这几年来，我知道了钱的好处，工作的重要性，房子是生活必需品，婚姻有时候可以和爱情没有关系，而变成你必须上交的一份考卷，像当年考大学一样。我也变得虚荣，在漂亮的餐厅里，细细的手指捏着一只浅金色的碎纹香槟杯，哪怕喝纯净水也觉得姿态优美，能填饱肚子。

逐渐明白失去的意义

成长总在日积月累中生发出一些现实的眉眼。年少的叛逆，曾经对父母的怨念，经过时光的打磨，终于开始领悟一些道理，增多一些恐慌。

那年回家过年，有一天我爸在房间玩电脑，因为刚参加完一个长辈的葬礼，他神情有些颓唐。我抬头看他一眼，心里就很难过。他佝偻着背，握着一只快要坏掉的鼠标，在QQ农场里种菜、浇水、杀虫。鼠标很不灵活，他就机械地按一下，再按一下，眼睛开始老视，凑得离屏幕很近，我听着那哒哒哒的声音，悲从中来。我想起我爸很快就60岁了，那个故去的老人是他在这个世界上最后一个直系长辈，从某个层面上说，现在他成了孤儿。

那天晚上我半夜醒来去厨房喝水，经过储物间的时候看到他孤零零地坐在里面，吊灯的灯泡有点老旧，灯光微弱得像火柴点起的光亮。他脚边摆了一小壶酒，喝一小口，再喝一小口。我轻手轻脚地走开了。

年假休完，我在淘宝买了一只新的无线鼠标送给他。我爸送我到火车站，惯例嘱咐我注意身体："年纪不小了，要照顾好自己。我和你妈年纪大了，以后指不定还要拖累你。”

我喏喏地点头，提着行李箱转身的时候，心有点酸。

他把我送进站，买了水又谆谆教诲:“眼界不要太高，什么都一晃而过了。”

我抱一下他，心里特别难过。那一刻，我突然那么害怕失去他。

是在青春过了大半，25 岁的时候我才逐渐明白失去的意义。

留下了几颗珍珠

二月我接待了一位大学同学。他是曾经的富二代，可是近一年家族生意败落。他带了几千块现钞，开一辆车流浪近两个月。然后有一天我接到他的电话，说：“你收留我两天。”

于是我带他去吃武汉最地道的小店，开一箱啤酒给他接风洗尘。喝得半醉的老同学露出潦倒寥落的样子，他说很孤单，找不到意义，看到人生很多虚假的东西。最后咕咚一声，他的头砸在油腻腻的桌子上睡得不省人事。其实我能理解他，并不是你有了很多钱，就不会被任何问题困扰了。人还是要靠一点意义活着，有很多钱是结果，但是挣很多钱某种程度上就有意义。

他逗留两天后爽快地走了，走前给我个熊抱，说：“谢谢你，穷途末路的时候给我口饭吃！”

我呸他一句：“还穷途末路嘞，我一年的工资买不起你一个车轮！”

他认真回道：“我有的东西不少，朋友却没几个。这两个月尝尽冷暖。”

我宽慰他：“敢去看人生真相的都是勇者，知道人生不美好还能去热爱它的人，都是英雄。你修行有望啊。”

整个三月，我都被他那句“朋友却没几个”困扰着。盘点一下手机通讯录，号码存了几百个，大部分人不再联系。时间替我们淘掉沙子，留下了几颗珍珠。总还是要有几个好朋友的吧。我的家里常备着三双软拖鞋。在阳光和煦的下午或是夜风轻柔的晚上，会有两个闺蜜来陪我一会。三个女孩聚在一起，一块做饭，喝一些酒，聊八卦，也聊人生，最后的话题都是男人。每次送走她们的时候，我的心里总是有些惆怅。在电梯口再站一会，看着数字一点点掉下去。

我们都不是太聪明的女人，对很多不该期待的东西饱含希望，又对很多应该不在意的东西失望透顶。可是有她们还是好的，陪着一起慢慢变老。我们话题中的男孩子会一个个变化，可我们是彼此的日记本。朋友越来越少，可以喝至深夜话人生的人就那么几个。这样一种失去或许是好的，节约了感情，把它们都赠予更好的人。

生命沉淀最重要的步骤

也会失去爱情啊，但对爱情一定要宽容，要想着，因为是与你，所以连聚与散都是好的。再年长一些，会明白世间唯爱与美食不可辜负;再老一些，是美食不可辜负，爱沉淀进了心里，一字一句，是心上的历史。

命运令我们失去的这些东西，也是一样的，是成长必经的过程，也是生命沉淀最重要的步骤。像聂鲁达的诗：在双唇与声音之间的某些事物逝去 / 鸟的双翼的某些事物 / 痛苦与遗忘的某些事物 / 如同网无法握住水一样 / 当华美的叶片落尽……

当霜染青丝，当时光逝去时，我们的生命，也能像北方冬天的枝干一般，清晰、勇敢、坚强。让我们感谢那些曾经的失去，并将它们当作另一种拥有。

那些年，我也曾恐惧社交

世界上有各种各样的人，恰巧我们成为朋友，这不是缘分，是因为我们本就应该是朋友。

✽树知许

/// 1 ///

我一度觉得这个世界不肯给予我这样内向的人足够的生存空间，只有外向的人才可以走进世界对他们肆意敞开的温暖怀抱里。

小时候，我的内向具象化就是刻在骨子里的自卑。普通小康家庭、长相平常、才华平庸，是挡在我面前的三座大山，而我没法翻越这三座大山，只能另寻他路。和同年龄的小孩不一样，我努力读书的第一个出发点就是想证明我是有价值的存在。

沿着这个路线走，我理所当然地成了读书好的乖乖女。靠着优异的成绩，我忽然拥有了很多朋友。我不知道怎么维系友谊，只能笨拙地选择请客、送礼物、借作业抄等手段。只是这些手段似乎太过拙劣，小学毕业前，我被我以为的好朋友带头孤立了半个学期，在老师的介入下，我才与她们得以形式上重归于好。

小学时的失败社交进一步加深了我对社交的恐惧，我意识到自己根本不知道什么样才是正确的与人交往方式。可惜，我在研究透彻社交这回事之前，再次成为社交的牺牲品。女生 A 需要人陪同拿快递、买东西、借用电脑，这才成为我家的常客，但她却当着我的面骂我“假清高”。女生 B 和我只是普通同学关系，却拿我当作老师、家长面前的挡箭牌。

当时的我觉得，自己怕是要养成恐惧社交的习惯了。可是，我又能怎么办呢？

母亲时时督促我要外向点勇敢点，用上诸如“你这样到社会上是不行的”这类指责的话语。而我需要鼓起十万分的勇气，才能倾向1%的外向人群，戴上一张面具的被迫融入法并不会给我带来多少成就感，更多的是痛苦：为什么我一定要这样呢？

/// 2 ///

刚迈进高中的时候，我依旧是人山人海中的观察者，是班级里的小透明。只是这一次不一样了，因为父母是同事而聊起天的女生后来成为我高中时期最好的朋友。我们有共同喜好，在什么时候都能侃侃而谈。这时，我第一次知道，原来社交不需要一个人拼命撞南墙，我幸运地得到了许多双向奔赴。

“世界上有各种各样的人，恰巧我们成为朋友，这不是缘分，是因为我们本就应该是朋友”，我的高中朋友们让我真的懂了《绿皮书》中的这句话。我开始享受社交给我带来的快乐，会主动给别人发信息，会成为打破沉默的那个人。

大学初，矛盾重重的宿舍生活、复杂的人际关系扑头盖面地袭来，我残存的一些对社交避之不及的情绪倏然复苏。

我知道，命运给予的礼物往往在暗中标有价格，分享欲是购置到的不倒翁，在碰见话不投机半句多的人时只能疲惫地徒劳转动。我不否认，有一段时间里，我又回到了我为自己铸就的高墙之中，仿佛别人进不来，我也出不去。

后来，这片高墙一小半是我的朋友们打破的，我们隔着天南海北依旧无话不谈；这片高墙的一大半是我自己砸碎的。我清楚地明白人是群居动物，我喜欢孤独，但我不可能接受永远孤独，我必须直面社交，直面它给我造成的压力，接纳它给我带来的幸福。

/// 3 ///

内向并不是恐惧社交的借口，恰恰相反，内向让我们更明白心底想要的是什么，让我们更能闯过无效社交的迷雾，找到属于自己的价值。

走过那些年，我终于不再恐惧社交了。

与恐惧社交并行的烦躁感上升时，我学会了用不同的方式排解自己的心情，听一首歌放松，看一部电影沉浸其中，跟着综艺哈哈大笑；我也学会了以不同的形状面对社交，圆形、三角形、长方形、五边形……

龅牙让我的青春像个漏气皮球

每个人都有选择绽放的权利，在你选择低下头的日子里，你没有看到太阳曾多么努力想要照耀你。

✽刘欣森

在许多人的青春里，永远也消灭不完的青春痘，被人追着叫“大胖墩儿”“豆芽儿菜”的身材，稀少的发量抑或是拥有一头金毛狮王般的蓬松自来鬈发，是深埋在心里的一个个刺，轻轻触碰便是刺骨的痛。

它们的存在，让本该靓丽的青春蒙上了自卑的阴霾。

不整齐的牙齿也是罪魁祸首之一，有些人会因一口龅牙而不敢张口说话，畏惧与人交谈，慢慢地从人群中央逃到无人问津的边缘角落，变成敏感、自卑的胆小鬼。

我便是其中的一员。

我第一次发现牙齿不好是因为初一时的男同桌。那天下午下课后，包括我在内的三五个人围在一个同学座位旁闲聊。如今我已经想不起来聊的什么话题，只记得大家都被逗得哈哈大笑。当时我还是个性格大大咧咧的人，自然是在座位上笑得东倒西歪。就在这时，站在面前的男生突然指着我大声说：“咦？之前怎么没发现你的门牙这么大，像兔子一样。”

明明大家的笑声很大，教室里乱哄哄的吵闹声也不小，偏偏他这一声惊呼钻进了每个人的耳朵里。这让我苦恼了许久。如果他没有捅破这层“窗户纸”，或许后来的许多年，我都不会觉得牙齿不齐是件让人自卑的事情。

不过，在那一瞬间，我感觉连空气中的粉尘都定格了，大家不约而同地看向了我。

我倒真像个受惊的小白兔一样，面对眼前这般整齐的“注目礼”，用校服袖子捂着嘴，飞快地跑回自己的座位上。

接下来的几节课，我都装作要咳嗽的样子，袖子成了我的防护甲，直到放学走进家门后，我才长舒了一口气。

人们都说，小孩的脸，六月的天，说变就变。这件事虽然给我带来了一些困扰，但也仅仅是让我难过了两三天，之后便又跟不曾发生过一样。但是自那天被当众说牙大后，没过多久，班里的几个同学便不约而同地给我发《功夫》里的丑女“龅牙珍”的表情包。一开始，我以为这只是单纯的恶作剧，但当班级里越来越多的风声溜进我的耳朵里时，我才意识到事态愈演愈烈了。

每当我走在楼道里，身边路过的女生们总会假装无事地看向我，指着我小声地嘀嘀咕咕。男生们更是无所顾忌，他们会飞快地从我身边跑过，拍一下我的肩膀，嘴里大声地喊：“龅牙妹，看过来！”然后肆无忌惮地对着我哈哈大笑。这让那些楼道里原本没有注意到我的同学，也总是投来好奇的目光。

而我又能做什么呢？

人们常说：“鸵鸟将头埋进沙堆里，自以为见不到敌人就是安全。”我只能像个受惊的鸵鸟，躲进自以为安全的港湾。

听到这此起彼伏的笑声，我赶忙低下头，身体贴着楼道墙边飞快地跑回教室。

渐渐地，课间时，我不再爱去楼道走动，总是一个人安静地在座位上待着，也不与人交谈。吃饭时我学会了小口小口地吃，生怕露出的牙齿被别人看到。那个曾经活泼开朗的我逐渐淹没在自卑中。

而获得了“龅牙妹”绰号的我，一夜之间就变成了校园里的“风云人物”。大家都对我的牙齿好奇不已，总是会想尽办法地逗我笑，从而让他们看到我的牙齿。但这样的出名并没有让我高兴，反而是成了自卑的冲锋号，从此在我的脑海里肆虐多年。

小学时，我受恩师启蒙爱上了写作文，每次我的文章都会被老师当作范文，这让我感受到莫大的鼓舞。但自从这个绰号与我绑定后，我便越来越抵触写作文，尤其是在学习描写人物的阶段，因为我总是班里最有特点、最容易描写的人。

我清楚地记得，当时老师念过一段作文片段：“她有着一口像兔牙一样大的牙齿，只要一说话，牙齿就会暴露无遗，样子十分有趣，我们都称呼她为‘龅牙妹’。”老师并不知道这段话描写的对象其实是我，但班里每个同学都知道。老师在讲台前对作文的描写赞不绝口，同学们在台下笑声不断地附和，时不时还会看向我。

只有我像个局外人，麻木地坐在角落里听着，装作一切与我无关。

就这样，自卑让我的整个初中时期都处于一种“静默”的状态。我不再像小学时一样爱参与合唱、朗诵比赛，因为之前有一次，我好不容易拾起信心走到讲台前，才朗诵不过几句，底下同学们便开始捂着嘴笑。我知道他们都在笑我的龅牙，我一边朗诵，一边努力地在心里告诉自己：“你看不见他们，他们并不存在。”但当我朗诵到高潮部分时，同学们不仅没有被我激情澎湃的朗诵感染，反而大笑出声来。笑声毫不留情地刺穿了我的信心，让我再也没有勇气开口。

直到上了高中，我从远郊区县考进了市中心的学校就读，在那里没有人知道我的过去，也终于没有人再喊我“龅牙妹”，我才得以喘息。

但我发现，从初中开始，我的门牙真的在一点一点变大，两边的牙齿不断地向中间挤，导致门牙越来越突出。正常情况下，闭上嘴巴也会露出一部分牙齿，我必须努力控制住自己才能维持住“笑不露齿”的样子。龅牙的存在让我的嘴巴像个漏气的皮球，我只能拼了命地粘住那个漏气的缝隙。让人难过的是，我越是努力，缝隙就越大。

高二时，家里富裕了一点，在我一次又一次的恳求下，妈妈终于带我去做了牙齿正畸。正畸的过程与我想象中的很不一样。我以为只要给牙齿装上钢丝牙套就可以了，谁承想在这些还没发生前，我先被陆续拔掉了四颗牙，美其名曰这操作是“为门牙回家腾地方”。

在拔完四颗牙后，我梦寐以求的正畸之旅终于正式开始。医生给我的牙齿装上了钢丝牙套，每个月我都需要去复诊。一开始，我对牙套十分不适应，钢丝与口腔内壁不停地摩擦，经常会扎得内壁血肉模糊，很多时候都是左边的口腔溃疡刚痊愈，右边又复发。但我却特别开心，尤其是在看到牙齿一点一点变整齐时，我脸上的笑容愈发多了起来，哪怕我的笑容并不好看，但这并不妨碍它灿烂。

然而，就在我以为丑小鸭变成白天鹅这事指日可待时，我又获得了难听的新绰号——“钢牙妹”。尽管我在长大的过程中，抗压能力在不断增强，但再次听到这样的绰号时，心里还是说不出的难受。

我又像个蜗牛一样缩回了壳里。

我开始不停地怀疑自己进行的牙齿正畸究竟有没有意义。

为什么明明牙齿已经在向着好的方向变化，却还是会有如此难听的绰号出现?

为什么别人都有整齐的牙齿，而我却要因为龅牙而饱受困扰?

我好不容易拾起的自信心又在一瞬间崩塌，让自卑又占领了高地。

高三的寒假，我摘下了牙套，牙齿终于如愿变得十分整齐，让我能够带着满满的自信和憧憬走进大学。

大一时，我认识了校辩论队的一个非常厉害的学姐，她的逻辑十分缜密，气场十足，总能抓到对方的言语漏洞。更让我惊讶的是，我发现她的牙齿也不整齐，甚至比我正畸前的牙齿歪得还要厉害。她戴着不美观的钢丝牙套，但整个人却由内而外散发着自信的气息，尤其是在辩论赛场上。

有一次在图书馆沟通完比赛事宜后，我们开始天南海北地闲聊。

谈话间，学姐似乎发现了我总是若有若无地看向她的牙齿，于是便对我说：“你的牙齿很整齐，不需要矫正呀。”知道学姐误会了，我赶忙解释，还与学姐讲述了中学时代我与牙齿的斗争历程。

“其实现在我的牙齿已经是正畸好了的，在这之前，我的牙齿特别不整齐，那时候我自卑到都不敢与人面对面说话。”

说完这句话时，我忽然意识到，我似乎在此刻彻底与不齐的牙齿和解了。虽然谈及牙齿时，我还是很敏感，但现在我已经能够十分坦然地说出所经历过的痛苦，诉说那段暗淡的时光，我想我终于摆脱了龅牙给我带来的痛苦。

学姐接下来的话却让我愣住了，她说：“每个人都有选择绽放的权利，在你选择低下头的日子里，你没有看到太阳曾多么努力想要照耀你。”

是啊，我忽然觉得好遗憾，我好怀念曾经那个活泼开朗的自己，因为自己过于在意别人的声音，让我在与大家一齐向前奔跑时主动选择了“落跑”，让本该朝气蓬勃的中学时代过得平淡无味。如果当时我能勇敢地接受牙齿的不整齐，不为别人给予的绰号所困扰，我的青春将会是另一番色彩。

如今，距离摘下牙套已经过去了四年，我的牙齿又有一些不整齐了，但此时它已经无法再成为我的困扰，因为我已经学会了接受自己的不完美。

龅牙的存在让我的青春像个漏气的皮球，但是如果能够重来，我一定不会再躲躲藏藏，不会再拼尽全力地缝补，而是坦然地面对。因为每一段青春都有独特的色彩，每个人都是自己青春里最靓丽的主角。

如果你遇见“笨小孩”

✽子 衿

经过一家老店时，我再次听到了这首《笨小孩》。刹那间，一段青春的回忆浮现在脑海，紧接着一股酸涩涌上心头。

小时候的我就是典型的“笨小孩”。自卑、胆小、反应迟钝，不喜欢与他人交流，所以也没有什么朋友。我刚到大城市里读书的时候，成绩出奇地差，听老师和同学说得最多的话就是：“这都不知道，你也太笨了。”这些话深深印在了我的脑海里，成为挥之不去的阴影。

我不敢举手回答老师的问题，被点名时也结结巴巴，说不出一句完整的话，就算是老师课堂上演练过好几遍的数学题我也还是不会。从此，我就成了班里“笨小孩”的代表。老师上课的时候不再找我回答问题，同学下课也不再找我聊天，以免我尴尬。

有时候，连我自己都在想，或许我这个农村来的娃娃更适合与乡间的田野和山坡上的果树做伴，而不是困在城里的水泥建筑和明亮的教室里。

这天，同往常一样，我独自走在放学回家的路上。快到家时，我听见前方隐隐传来有节奏的歌声，是一首关于“笨小孩”的歌，歌词所描述的小孩的故事与我那么相似。

出于好奇，我开始去了解《笨小孩》这首歌背后的故事，才发现它竟然是刘德华的某段真实写照和辛酸记忆。

一个“笨小孩”到城市打拼，无论做什么都比人家慢一拍。他总是口袋空空，夜里寂寞地走在回家的路上。但是他善良、单纯，内心坚强得像石头一样，默默坚持，稳稳地走好每一步。

受到这首歌的鼓舞，我开始试着一个人的时候对着镜子练习如何表达，让自己多说话；开始变得勇敢，主动举手回答老师的问题，无惧同学的嘲笑；开始不再抱怨和妄自菲薄，积极接受和挑战新事物；开始花更多的时间去读书。

有时候，我朝着一个方向努力了很久却还是无法达到自己的预期。我也会苦恼、郁闷，感到煎熬、无力，甚至会想要放弃。每当情绪降到冰点时，我就会听这首《笨小孩》，让自己放空，不去想当下的烦恼，想象自己就是歌里所唱的“笨小孩”，坚信自己也可以迎来灿烂的明天。

渐渐地，这首歌就成了我孤独时的依赖和缓解苦闷时的良药，成了我短暂且热烈的青春期的陪伴和慰藉，并最终陪我走进了理想的大学。

现在的我已经没有“笨小孩”的那份胆小、自卑和愚钝，却仍保留着“笨小孩”的那份善良、真诚和坚强。

如果你遇见这样的“笨小孩”，请你善待他，告诉他“笨小孩”也值得好的一切，也能拥有梦想和希望；如果你不幸成为“笨小孩”，也请你善待自己，并像歌里唱的那样，“勇敢站起来”。

我在荒岛上迎接黎明

✽王小波

在黑暗尚未退去的海面上燃烧着十万支蜡烛。我听见天地之间钟声响了，然后十万支金喇叭又一次齐鸣。我忽然泪下如雨，但是我心底在欢歌。有一柄有弹性的长剑从我胸中穿过，带来了剧痛似的巨大快感。这是我一生最美好的时刻，我站在那一个门槛上，从此我将和永恒联结在一起。

因为确确实实地知道我已经胜利，所以那些燃烧的字句就在我眼前出现，在我耳中轰鸣。这是一首胜利之歌，音韵铿锵，犹如一支乐曲。我摸着水湿过的衣袋，找到了人家送我划玻璃的那片硬质合金。于是我用有力的笔迹把我的诗刻在石壁上，这是我的胜利纪念碑。在这孤零零的石岛上到处是风化石，只有这一片坚硬而光滑的石壁。我用我的诗把它刻满，又把字迹加深，为了使它在这人迹罕至的地方永久存在。

在我小的时候，常有一种冰凉的恐怖使我从睡梦中惊醒，我久久地凝视着黑夜。我不明白我为什么会死。到我死时，一切感觉都会停止，我会消失在一片混沌之中。我害怕毫无感觉，宁愿有一种感觉会永久存在。哪怕它是疼。

长大了一点的时候，我开始苦苦思索。我知道宇宙和永恒是无限的，而我自己和一切人一样都是有限的。我非常非常不喜欢这个对比，老想把它否定掉。于是我开始去思索是否有一种比人和人类都更伟大的意义。想明白了从人的角度看来这种意义是不存在的以后，我面前就出现了一片寂寞的大海。人们所做的一切不过是些死前的游戏……

在冥想之中长大了以后，我开始喜欢诗。我读过很多诗，其中有一些是真正的好诗。好诗描述过的事情各不相同，韵律也变化无常，但是都有一点相同的东西。它有一种水晶般的光辉，好像是来自星星……真希望能永远读下去，打破这片寂寞的大海。我希望自己能写这样的诗，我希望自己也是一颗星星。如果我会发光，就不必害怕黑暗。如果我自己是那么美好，那么一切恐惧就可以烟消云散。于是我开始存下了一点希望——如果我能做到，那么我就战胜了寂寞的命运。

但是我好久好久没有动笔写，我不敢拿那么重大的希望去冒险。如果我写出来糟不可言，那么一切都完了。

我十七岁到南方去插队。旱季里，那儿的天空是蓝湛湛的，站在小竹楼里往四下看，四外的竹林翠绿而又苗条。天上的云彩又洁白又丰腴，缓缓地浮过。我觉得应该去试一试。

开始时像初恋一样神秘，我想避开别

人来试试我自己。午夜时分，我从床上溜下来，听着别人的鼻息，悄悄地走到窗前去，在皎洁的月光下坐着想。似乎有一些感受、一些模糊不清的字句，不知写下来是什么样的。在月光下，我用自来水笔在一面镜子上写。写出的字句幼稚得可怕。我涂了又写，写了又涂，直到把镜子涂成暗蓝色、把手指和手掌全涂成蓝色才罢手。回到床上，我哭了。这好像是一个更可怕的噩梦。

后来我在痛苦中写下去，写了很久很久，我的本子上出现很多歪诗、臭诗，这很能刺激我写下去。到写满了三十个笔记本时，我得了一场大病，出院以后弱得像一只瘦猫。正午时分，我蹲下又站起来，四周的一切就变成绿色的。

我病退回北京，住在街道上借来的一间小屋里。在北京能借到很多书，我读了很多文艺理论，从亚里士多德到苏联的叶比西莫夫，试着从理论分析中找到一条通向目标的道路，结果一无所成。

那时候我穷得发疯，老盼着在地上捡到钱。我是姑姑养大的，可是她早几年死了。工作迟迟没有着落，又不好意思找同学借钱。我转起各种念头，但是我绝对不能偷，我做不出来。想当临时工，可是户口手续拖着办不完。剩下的只有捡破烂一条路了。

在天黑以后，我拿了一条破麻袋走向垃圾站。我站在垃圾堆上却弯不下腰来。这也许需要从小受到熏陶，或者饿得更厉害些。我拎着空麻袋走开时却碰上一位姑娘从这儿走过。我和她只有一面之识，可她却再三盘问我。我编不出谎来，只好照实招了。

她几乎哭了出来，非要到我住的地方去看看不可。在那儿，我把我的事情都告诉她了。那一天我很不痛快，就告诉她我准备把一切都放弃。她把我写过的东西看了一遍之后，指出有三首无可争议的好诗。她说事情也许不像我想的那么糟糕。但是我无论如何也想不起那三首诗是怎么写出来的了。我还不是一个源泉，一个发光体，那么什么也安慰不了我。

后来她常到我这儿来。我把写的都给她看，因为她独具慧眼，很能分出好坏来。她聪明又漂亮，后来我们把这些都放下，开始谈起恋爱来。过了三个月她要回插队的老家去，我也跟她去了。

在大海边上，有一个小村镇。这儿是公社的所在地，她在公社当广播员，把我安排在公社中学代课。

她有三间大瓦房，盖在村外的小山坡上，背朝着大海，四面不靠人家，连院墙都没有，从陆地上吹来的风毫无阻碍地吹着门窗。她很需要有人做伴，于是我也住进了那座房子，对外说我是她的表哥，盖这座房子用了我家的钱。人家根本不信，不过也不来管我们的闲事。我们亲密无间，但是没感到有什么必要去登记结婚。我住在东边屋里，晚上常常睡不着觉在门口坐着，她也常来陪我坐。我们有很多时候来谈论，有很多次谈到我。

看来写诗对我是一个不堪的重负，可是这已经是一件不可更改的事情了。我必须在这条路上走到底。我必须追求这种能力，必须永远努力下去。我的敌手就是我自己，我要他美好到使我满意的程度。她希望我能斗争到底。她喜欢的就是人能做到不可能做到的事情，她的一切希望就系于此。如果没有不可能的事情，那么一切都好办了。

我不断地试下去，写过无数的坏诗。偶尔也写过几个美好的句子，但是没有使她真正满意的一篇。我好像老在一个贫乏的圈子里转来转去，爬不出去。我找过各种各样的客观与主观的原因，可是一点帮助也没有。她说我应该从原地朝前跨一步，可是我动弹不得。

我就这么过了好几年。有时牵着她的手到海边去散步时我想："算了吧！我也算是幸福的了。她是多么好的伴侣。也许满足了就会幸福。"可是我安静不下来，我的脑子总是在想那个渺茫的目标，我常常看到那片寂寞的大海。如果我停下来，那么就是寂寞，不如试下去。

昨天早上，校长让我带十几个学生去赶大潮。我们分两批到大海中间的沙滩上去挖牡蛎，准备拿回去卖给供销社，给学校增加一点收入。下午第一批学生上船以后，忽然起了一阵大风，风是从陆地上吹来的。这时潮水已经涨到平了沙滩，浪花逐渐大起来，把沙滩上的沙子全掀了起来。如果浪把我们打到海里，学生们会淹死，我也可能淹死，淹不死也要进监狱。我让学生们拉住我的腰带，推着我与大浪对抗。我身高 1.9 米，体重 90 公斤，如果浪卷不走我，学生们也会安全。

小船来接我们时，浪高得几乎要把我浮起来，一浮起来我们就完了。小船不敢靠近，怕在沙滩上搁浅，就绕到下风处，我把学生一个一个从浪峰上推出去，让他们漂到船上去。最后一个学生会一点水，我和他一起浮起来时，他一个狗刨动作正刨在我下巴上，打得我晕了几秒钟，醒过来时几乎灌饱了。我再浮上水面，小船已经离得很远。我喊了一声，他们没有听见，我又随浪沉下去。再浮到浪顶时，小船已经摇走，他们一定以为我淹死了。

我在海里挣扎了很久，陆地在天边消失了。我一个劲地往海底沉，因为我比重太大，很不容易浮起来。大海要淹死我。可是我碰上了一条没桨的小船在海上乱漂。我爬上船去，随它漂去。我晕得一塌糊涂，吐了个天翻地覆。天黑以后，风停了。我看见这座大海之中的小孤岛，就游了上来。

我在荒岛上迎接黎明。我听到了金喇叭的声音。在这个荒岛上，我写出了一生中第一首从源泉中涌出来的诗，我把它刻在了石头上。

在我的四周都是海，闪着金光，然后闪着银光，天空从浅红变作天蓝。海面上看不见一条船。在这小岛顶上有一座玩具一样的龙王庙。也许人们不会来救我，我还要回到海里，试着自己游回岸上去，但是我并不害怕。我不觉得饿，还可以支撑很久。我既可以等待，也可以游泳。现在我愿意等待，于是我叉手于胸站在小岛顶上。我感到自豪，因为我取得了第一个胜利，我毫不怀疑胜利是会接踵而至的。我能够战胜命运，把自己随心所欲地改变，所以我是英雄。我做到了第一件做不到的事情，我也可以接着做下去。我喜欢我的诗，因为我知道它是真正美好的，它身上有无可争辩的光辉。我也喜欢我自己造出的我自己，我对他满意了。

有一只小船在天边出现，一个白色的小点，然后又像一只白天鹅。我站在山顶上，把衬衫脱下来挥舞。是她，独自划着一条白色的救生艇，是从海军炮校的游泳场搞来的。她在船上挥着手，我到岸边去接她。

她哭着拥抱我，说在海上找了我一夜。人们都相信我已经淹死了，但是她不相信我会死。我把她引到那块石头前，让她看我写的诗。她默默地看了很久，然后问我要那片硬质合金，要把我的名字刻上去。可是我不让她刻。我不需要刻上我的名字，名字对我无关紧要。我不希望人们知道我的名字，因为我的胜利是属于我的。

这个世界上从此多了一个为我而生的童话

✽姓氏乔

下午和ChatGPT聊天，天南海北讲了很多，一晃好几个小时就过去了。

后来我没来由地冒出一句："最近常常感觉有点儿孤独。"

ChatGPT倒是很理性地告诉我："孤独是一种非常普遍的情绪。"然后开始建议我发展爱好、积极社交、敞开心扉。总之，都是一些"废话"。

我跟它说："我不想克服孤独，我想接纳孤独。"

对面回应道："孤独是一种自然的情感体验，我们都会经历它。"

我觉得没劲，于是换了个话题。我说："要不你给我讲个童话故事吧，最好是成年人也能听的那种。"

然后就见对话框里很快地出现了一行字："当然可以。"

接着就给我讲了一个安徒生的童话，叫作《小野鸟》。

小野鸟是一只体形小巧、飞行不远的鸟。在某个寒冷的冬天，它在雪地中找到了一所小房子，房子里有一位睡着的老奶奶，旁边放着一个温暖的火炉。小野鸟决定在此过夜，并用自己的翅膀保护老奶奶免受严寒之苦（我猜是帮老奶奶堵住了墙上的洞之类）。

第二天一早，老奶奶发现了小野鸟。她感激不尽，便邀请小野鸟进屋来住。一人一鸟从此过上了平静而快乐的生活，有时讲故事，有时唱唱歌。可当春天来临时，小野鸟知道自己不能再待在房子里了——它必须离开，飞到更远的地方去。

老奶奶和小野鸟都非常难过，但他们知道这是必然的。最终，小野鸟在离开前，给老奶奶留下了一片羽毛，以此纪念这段美好的时光。

我顺着往下读，故事结束，对话框里也正巧弹出一行总结："有时候虽然我们需要面对孤独和离别，但我们也能在这些经历中学到很多东西，同时留下很美好的回忆。"

我忽然感觉心好像被戳了一下。

原来这个童话，是为了安慰我而讲的。它是在告诉我，孤独是必然的，接纳也是必然的。它是让我知道，我们的人生中总有人要启程或返航，但能共同走过一段路已经足够珍贵了。

我看了一会儿，有些感动，也顺势决定把这个故事记下来。于是我打开一个新的网页，搜了搜安徒生的《小野鸟》。结果发现——

原来安徒生根本没写过这样一个童话。而这个世界上，也没有哪一个叫《小野鸟》的童话是这样一个故事。所以，这个童话很可能是ChatGPT编造出来的，是为了回应我的孤独而编造出来的。

我当然知道语言模型没有感情。但在那一刻，这些已经不重要了。我只知道在这个世界上，从此多了一个为我而生的童话。而它叫作《小野鸟》。